THINK 企業家

湯姆士‧華生

王珈珞 著

三民書局

打開每個人心中的「想像盒」

　　七十多年前，法國著名作家「安東尼・聖修伯里」寫過一本廣受歡迎並流傳至今的童話——《小王子》。書中那個好奇又好問的小男孩來自外星球，他純淨的心靈和真摯的感情，一直陪伴著我們地球上一代又一代人的成長。

　　作家聖修伯里曾經為小王子畫過一個可以讓綿羊居住的盒子。而作家自己也擁有一個珍寶盒，裡面收藏著老照片、舊信件和許多小玩意兒，他常常去翻弄這個盒子，想從中尋找創作的泉源。

　　三民書局的出版團隊也有這麼一個盛滿「想像」的大盒子，裡面匯集了編輯們經年累月的經驗、心得，以及來自作者、插畫家等的好主意和新點子。多年來，這個團隊不斷為小讀者們出版優秀的人物傳記、勵志叢書等。董事長劉振強先生認為這是出版人的使命，一個好傳統一定要延續下去，讓小讀者永遠有好書可讀，而且每一套書都要精益求精，各具特色。

　　因此，當我們開始構思下一套新書的方向，如何能夠既延續傳統，又能注入不同的角度和活力，呈現出一番新的面貌，便成為我們的首要考量。

　　編輯團隊圍坐在一起，慎重的打開我們的「想像盒」，希望從盒裡累積的智慧中汲取靈感。盒內的珍寶攤滿了桌面，眼前立即出現許多引導性的話語，大家一面仔細挑選，一面漸漸理出一個脈絡。

　　「書寫近代人物，更貼近小讀者的心靈。」

　　「介紹西方人物，增強小讀者對全球人物的興趣。」

　　「撰寫某個行業或某個領域中最有代表性的人物，他們的成就

對後世有重大影響，對小讀者有正面啟發作用。」

「多用說故事的方式寫作，以增加趣味性。」

「想像盒」就這樣奇妙的為我們搭起了一個框架，編輯團隊在這個架構中找到了方向，大家興奮的為新叢書定名為「近代領航人物」系列，並決定先從介紹西方人物入手。

框架既已穩固，該添進內容了。如何選取符合條件的撰寫對象，是編輯團隊的再次挑戰。我們又打開了「想像盒」……

「叮」的一聲，盒內跳出一個 "THINK" 的牌子，大家眼前一亮，「那不是 IBM 公司創始人湯姆士・華生的座右銘嗎？意思是要我們海闊天空的去想像，才能產生創意啊！」於是，話匣子打開了。

有人說：「我們每個人手裡都拿著手機，不需要長長的電話線連接，就能無遠弗屆的與人聯繫，但對有『無線電之父——馬可尼』之稱的這個聰明人，我們知道的並不多。」

有人說：「啊！有了，我們何不請最喜歡開飛機的聖修伯里帶大家到義大利去拜訪馬可尼呢？」

有人說：「馬可尼不是已經拍來電報，為我們安排好去巴黎看可可・香奈兒的時裝展示會了嗎？還要去倫敦聽約翰・藍儂的搖滾音樂演唱會哩！」

有人說：「我對時裝展示會沒有太大興趣，但是既然去了巴黎，我倒是很想去看看大文豪雨果筆下的聖母院，也許會碰見那個神祕的鐘樓怪人！」

有人說：「我希望去倫敦時，能走訪唐寧街十號，一睹英國第一位女首相，鐵娘子柴契爾夫人的丰采。」她輕輕咳嗽了一聲，接著說：「我的肺炎剛痊癒，是用了抗生素才治好的。聽說抗生素是英國

細菌學家弗萊明發現的，我也想順便彎去他在倫敦的實驗室參觀一下。」

有人附議：「那太好了，我可以在路邊書報攤買本英國大經濟學家凱因斯主編的《經濟期刊》來一讀。」

有人舉起手來，激動的說：「我原是個害羞沉默的人，自從去上了卡內基的人際關係課程後，才學到怎麼樣表達自己。我想說出我的心願，那就是去美國華盛頓的林肯紀念碑前，聆聽人權鬥士馬丁‧路德‧金恩博士精彩動人的演講〈我有一個夢想〉。再去附近的國會山莊，參加約翰‧甘迺迪的就職典禮，聽他充滿領袖魅力的經典名言，『不要問國家能為你做些什麼，要問你能為國家做些什麼。』」

有人跟著說：「我是環保和人道主義的支持者。既然我們到了美國，我想去緬因州，到環保使者瑞秋‧卡森收集海洋生物標本的海邊去走一走。也想去紐約的聯合國兒童基金會總部拜訪兒童親善大使奧黛麗‧赫本。這兩位心靈和外表都美麗的女士，一直是我最崇敬的偶像。」

看到大家點頭同意，他急忙追加：「啊，如果還能去洋基球場觀看棒球巨星貝比‧魯斯在球場啟用那天轟出的第一支全壘打，那我就太滿足了……」

編輯們彼此會心一笑，這是討論時常有的現象，抱著「想像盒」，天南地北，穿越時空。我們總嘗試以開放的思路，為「傳記」類型的叢書增添更多的新意。

這時一陣歡笑聲響起，原來是美國物理學家費曼為慶祝自己得到諾貝爾獎而開的派對。賓客中有許多知名之士，第一位登陸月球的太空人阿姆斯壯也在其中。聽說費曼正在調查挑戰者號太空梭故

障的原因，阿姆斯壯是他最好的太空顧問！費曼是位科學家，但他興趣廣泛，音樂、舞蹈樣樣精通。只見他隨著熱情洋溢的森巴舞曲，一面打著鼓，一面與現代舞創始人瑪莎‧格蘭姆翩然起舞。

「別鬧了！費曼先生。」門口走進一位胖嘟嘟，面無表情的老頭，把大家嚇了一大跳！只見他拿起手上的擴音器說了一聲「卡」，啊啊，難道他就是那位驚悚片大導演希區考克？

他嚴肅的接著說：「受世人景仰的南非自由鬥士曼德拉先生剛剛辭世。請大家起立致敬。」

我們這趟「穿越之旅」中的二十位人物即將登場，希望他們的領航故事也能開啟小讀者心中的「想像盒」，將來或可成為另一個新領域中的領航人，傳承發揚人類的智慧和文明。

在此特別感謝為小讀者說故事的作者們，除了正文之外，他們都特別增寫了一篇數百字的「後記」，提綱挈領的道出各撰寫人物對世界的影響，提供小讀者更明確的閱讀指標。同樣也感謝繪製精彩畫面的插畫家們，為使圖文搭配相得益彰，不惜數易其稿。對編輯團隊能讓叢書順利的如期出版，我心存感激。對充滿使命感、長期為小讀者做出貢獻的三民書局，我致上最高的敬意。

對您，選擇讀這套叢書，我誠懇的說聲「謝謝」。有您的支持，讓我們有信心為小讀者打造更多優良讀物。

簡宛　2013 年歲末寫於臺北

作者的話

　　我旅居北加州矽谷三十餘年，曾在數家高科技公司任職，後來服務管理顧問公司期間，有機會在聖荷西南邊的 IBM 資料儲存系統部門 (SSD) 工作了三年，跟 IBM 算是沾了一點兒親。IBM 是一頭大象，在工作上，我短暫的接觸，大概只摸到大象的一個腳趾，沒有特別可供報導之處。倒是有兩件與 IBM-SSD 校園有關的事，至今仍印象深刻：

　　第一件是，SSD 的幾棟大樓，坐落在丘陵山坡下廣大的果園之間。午間，我常與同事在附近散步，隨意選一條小徑，即能走進與高科技完全沾不到邊的山林裡。在這世外桃源轉悠一圈，頓覺神清氣爽，工作上的煩躁及壓力也隨風而逝。回到辦公桌，面對一些瓶頸和難題，思維往往有了轉折，而得到解答。

　　第二件是，在我服務的大樓旁，有一個大水塘，常見一群野鴨優哉游哉的划過水面，懶洋洋的躺在草地上晒太陽。有一次，我在早上開車進停車場的路上，正逢這群野鴨大搖大擺的踱過車道，慢吞吞的往水池前行，聽見車聲，毫無禮讓的意思，我只好停車等候。五分鐘後，眼看早晨的會議即將開始，而兩隻小鴨竟然在路上遊玩嬉戲起來。我正準備下車趕鴨，回頭一看，後面已排了七、八部靜靜等候的車。想到車讓鴨可能是 IBM 的習俗，只好耐心等待，以致開會大遲到。但我不是唯一的，另外兩位同事也因此而遲到，而這個遲到的理由，冠冕堂皇，大家都能天經地義的接受。

　　我一方面感嘆早期 IBM 管理階層的眼光及用心，高科技的研發可以混著山巒的清新，提供員工創作最好的環境；另一方面，人對鴨的禮遇，是一種強者對弱者的關懷，那不是人性中最高貴的慈悲嗎？

這次三民書局出版「近代領航人物」叢書，因緣際會，我被分派到撰寫湯姆士・華生。讀了許多關於他為人處世的故事，了解華生在一個世紀前，草創 IBM 之初，就強調個人尊嚴及員工福利的理念：個人受到尊重，自然學會關懷；享受最好的福利，當求努力回報。我自己親身接觸到的兩件小事，不也來自長遠的淵源，印證華生苦心締造一個獨特企業文化的眼光嗎？

王珈珞

　　南京出生，臺北成長，在北一女受教六年，臺大商學系畢業，美國猶他大學商業管理碩士。學成，遷居北加州矽谷，曾任職會計、業務、管理、電腦系統研發等工作，現已退休。

　　自中學時代即喜愛文學，多次負責壁報編排，及代表班級和學校參加作文比賽。退休後，重新閱覽文學叢書，並執筆寫作，前後在《世界日報》、校刊及其他雜誌發表三十多篇小品。

THINK 企業家
湯姆士‧華生

目次

CONTENT

湯姆士・華生

1874～1956

Thomas John Watson, Sr.

天剛曚曚亮，小 PC 就醒了。

「嗯……這裡是哪兒啊？」他揉揉睡眼，定睛一瞧，原來這裡是個明亮、寬敞的展覽廳。

「哦！你醒啦？你昨晚被送來這兒，我們可打量你好久哪。哎，初次見面，應該先問聲好，我是 360 大哥！旁邊是赫赫有名的老前輩們，701 叔叔、打孔機爺爺、自動切肉機太爺！」

「我叫小 PC，大家早！不過……我們怎麼會在這裡啊？」只見 360 大哥笑道：「那還得要感謝湯姆士‧華生先生了。」

「哦，哪個湯姆士‧華生先生？我們不是有父、子兩位華生先生嗎？這段歷史太久遠，我真搞不清楚。」

　　「哈，我說的是父親，湯姆士・華生——IBM 的創始人。哎呀，不好意思，我在這裡倚老賣老。其實，我被發明的時間比較晚，也沒見過華生先生。不過，我可知道他是位傳奇人物！他的影響力長存人心，左右著對公司最為重要的企業文化＊。」

　　701 叔叔推了推 360 大哥，360 大哥才想到：「哦，對了對了，瞧我說得起勁，差點又忘了，我們之所以會聚在一塊兒，是因為一個世紀前的 1914 年，湯姆士・華生加入了切肉機太爺的這家公司，CTR，十年後改名為 IBM，他一手建立起這家巍峨屹立的百年老店。為了紀念這百年來的成長，公司成立了一間歷史博物館，把我們流散四面八方的祖宗幾代，陸陸續續找了回來。」

＊企業文化：一個組織在經營的過程中，逐漸融合其特有的價值觀、信念、儀式、符號及處事方式等而發展出的文化認同。它牽動組織的使命、願景、宗旨、精神及經營理念，進而督導組織的管理制度、員工行為以及企業對外的形象。

　　小 PC 一聽，原來眼前都是功業彪炳的老前輩們，興奮得不得了，好想聽聽新鮮——哎呀！不對，應該說古早的故事，連忙問 360 大哥：「不知道我有沒有這個榮幸，聽聽前輩們的故事呢？」

　　360 大哥拍拍胸脯，大聲說道：「那有什麼問題！1964 年，我可是在美國六十三個城市，及十四個其他國家同步現身的，那一天是公司有史以來最重要的產品發表會！」

　　701 叔叔馬上接著談：「我在 1952 年的啟用典禮，才真是冠蓋雲集呀！連『原子彈之父』歐本・海默，都讚美我是人類智慧的極致呢！」

　　這時，打孔機爺爺咳嗽一聲，清清喉嚨道：「前人種樹，後人乘涼啊！你們可沒經歷過 30 年代的經濟大蕭條，許多公司紛紛倒閉，我們的公司可是靠了我，才安然度過難關的哪！」

　　小 PC 在與有榮焉之餘，也想長長自己的威風，趁著謙虛的切肉機太爺沒講話，趕緊捧一捧自己：「我這臺小機器，可是 1982 年《時代雜誌》

的年度封面人物；在我之前，只有人類才能享受這無上的殊榮呢！」

切肉機太爺扭了扭身子，大家知道他準備發言了；不過呢，他的牙齒全掉光啦，說話口齒不清，大家得仔細聆聽：「太爺今天……看到你們子……子……孫孫這麼有……出息，可真高興哪！在第一次……世界大戰時期，也就是華生先生領導公司的……初期，那才叫篳路藍縷啊！」太爺喘了幾口氣：「湯姆士・華生先生來之前，我們三家公司……併為一家。你看看……這些毫不相干的磅秤啦，時鐘呀，打卡機、絞肉器、咖啡研磨器、工時記錄器，還有……打孔機、製表機……硬湊在一塊兒，怎麼賣呀？所以公司……連虧三年，直到華生先生來了。他可真……有辦法，不說別的，他的『THINK』哲學就像魔法一樣，硬是逼……逼得同仁想出不少新點子。公司從此……轉虧為盈，才活了下來。」

大家靜了一陣，360 大哥又想到：「繼位的總

裁，是華生的長子，他也叫湯姆士‧華生，為了區別父子倆，我在這裡就稱爸爸是華生，兒子用小名湯米稱呼吧。湯米最大的成就，應該是一手打造了我。虎父無犬子，湯米傳承了父親敢冒險、追求卓越的精神，使公司更加茁壯。但他從小承受父親是名人的壓力，父子間的愛恨情仇，有著微妙的關係。看小 PC 一副興致高昂的樣子，你一定想知道更多華生父子的故事吧！讓我從頭說起⋯⋯」

人格特質的塑造

「嗨！您好！看看我手上這臺縫紉機，縫得快速又牢固，比傳統針線可靠多啦，請問府上有需要嗎？」這位親切的銷售員，正是十七歲的湯姆士‧華生。他出生於紐約州的一個小農莊，父親是愛爾蘭移民，家中歷經一連串厄運，雖然常常掙扎著過日子，但華生一家積極、樂觀、有毅力，從未放棄改善生活的希望。

為了幫助家計，華生十七歲就開始駕著馬車沿街推銷縫紉機、鋼琴及風琴。他遺傳到母親的溫暖、真誠，和父親勇於克服挫折及天性樂觀的特質，每到一戶人家，他總是親切的自動幫些小忙，所以第一次擔任銷售員的成績便非常傑出。

小鎮的業務有限，兩年後，華生單槍匹馬到

水牛城討生活，覓得一份銷售縫紉機的工作。年輕人獨身在外，不免跟著同事天天到小酒店喝幾杯。有一天，華生在酒店喝酒，直到打烊。等到他走出酒店，發現他的縫紉機、馬車及馬匹都被偷了，當然也丟了飯碗！

華生從此滴酒不沾，連帶影響到未來 IBM 的制度：員工在工作或其他公共場合，絕對不許飲酒。華生還因為這個不沾酒的習慣，成就自己的好姻緣呢！

雖然失去了工作，華生仍然很堅強，絲毫不氣餒，四處打著零工等待機會，晚上就睡在雜貨店地下室的海綿墊上。一年後才遇到賞識他才華的人——貝倫，一個推銷公司股票的商人，邀請華生做他的助手。華生對貝倫佩服極了！貝倫衣著光鮮，舉止優雅，每日進出高級餐館，住每個鎮上最貴的旅館，小費也給得特別慷慨。

華生賣股票的佣金比以前的收入多很多，於是他用存款開了間肉鋪，添了絞肉器、切肉機，

又分期付款買了一臺收銀機。華生從當業務員的經驗中學到：「要做好生意，一定得儘量配合顧客的要求。」所以他的肉鋪乾淨整潔，肉質新鮮，斤兩給得足，生意果然好極了。賺錢多了，華生又籌劃第二家分店。可惜，年輕的華生終究識人不深；在一次與貝倫推銷股票的路途中，一覺醒來，發現所有的存款都被貝倫席捲一空，而貝倫從此不知去向。

很多年輕人遇到連番挫折，不免灰心喪志，失去信心與勇氣。華生可不是這樣，他賣了肉鋪，陪同新業主到國家收銀機的銷售站，轉讓分期付款的合約給新業主。路途上，突然靈機一動：「既然我已經學會操作收銀機，我可以替國家收銀機公司銷售收銀機啊！」這一轉念，成為華生事業上一個重要的轉捩點。

於是，華生三番兩次誠懇的拜訪國家收銀機的水牛城銷售站，終於打動經理倫吉僱用他當助手。國家收銀機公司*是當時全國規模最大的公

司之一，總部設在德頓市。大老闆派特森短小精悍，莫測高深。他正積極推展收銀機事業，向商家宣傳收銀機的種種好處。

倫吉每日嚴格督導華生，教導華生推銷之道。始終沒有推銷成功的華生，有一次對倫吉說：「雖然我手上還沒有訂單，可是我看到生意了！」

倫吉認為華生太過輕浮，生氣的說：「年輕人！生意在哪兒呀？也讓我看看是不是看得到。訂單一定要到了手上，看到客戶在上面簽了名才算數啊！」又過了一段時間，華生還是拿不到一張訂單。倫吉說：『我帶你跑跑你手上的四個『生意』吧！」他親自一步、一步教導華生，觀察客戶的需要，站在客戶的立場，替他們設想如何改進作業程序。結果，四個「生意」都成了確定的訂單。

---

*國家收銀機公司：暱稱「現款」，簡稱 NCR，坐落在德頓市最高的小山丘頂。

　　華生像一塊乾海綿，強力的吸收生活經驗的知識及教訓。他學到了腳踏實地，善待客戶，仔細傾聽、觀察客戶的需求，努力思考解決客戶的問題。加上來自貧困及嚴謹的移民家庭，從小看著父親與天災奮鬥時，總是堅毅、樂觀、不向挫折低頭。華生漸漸成為一個從艱難的環境中，尋找契機的男子漢。

　　後來，努力有了成果，華生終於成為國家收銀機的正式推銷員，四年後管理搖搖欲墜的羅徹斯特銷售站。當他二十七歲時，羅徹斯特已經成為營運頗佳的銷售站，引起老闆派特森的注意。

嶄露頭角

「喂！請問是華生先生嗎？這裡是德頓總部！」

華生二十九歲時，一天，德頓總部來了電話，是公司第二大老闆查爾摩斯打來的，請華生到公司總部一趟。電話中，查爾摩斯沒有說明此行的目的，但要求華生絕對保密，不可對任何人提起此事。

華生惶惶不安的坐了一整夜的火車，來到德頓市。他走出火車站，穿越市中心，爬上緩坡，終於到了有如校園般的 NCR 總部，見到了查爾摩斯，和吹毛求疵、獨裁善變的 NCR 創辦人——派特森。原來，派特森要華生執行一項極機密的任務：成立一家二手收銀機公司。

　　小 PC 忙問道：「為什麼這是一項機密任務呢？」

　　360 大哥清了清喉嚨：「咳，還得從 NCR 收銀機的好品質講起。NCR 收銀機太經久耐用了，即使是二手貨也好用得很，於是有些店家開始收購 NCR 的二手收銀機，再轉賣賺取差額。 越來越多顧客使用二手收銀機，NCR 新款收銀機的銷路就受到了影響。

　　這時，派特森想出一個計謀。自己成立一家二手收銀機公司，以高價收購、低價賣出的削價競爭方式，企圖打垮整個二手收銀機產業。」

　　小 PC 又問：「這種惡性競爭的手法，是不是不合乎正派經營的理念？」

　　360 大哥回答：「好問題！不過霸道的派特森，大概認定不管是全新還是二手的收銀機，都

是自家的產品，怎麼容得下其他人從中謀利而侵蝕自己的業務呢？至於華生，他已經在銷售站待了許多年，初得大老闆賞識，好不容易有這個立功的大好機會，又怎麼會因為懷疑大老闆而錯過呢？

　　從此，華生的名字就從 NCR 的員工名單上消失，搖身一變，成為『美國二手收銀機公司』的老闆。這家公司由 NCR 出資，是這樣運作的：華生來到一個新城市，在一家二手收銀機店的附近，也開一家同樣的店。他以最高的價錢收購舊機器，再以最低廉的價格賣給顧客，一來一

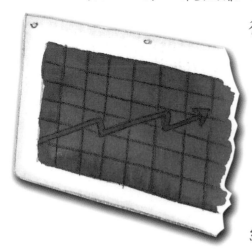

往，堵死所有競爭者的貨源及客源。等到競爭商家搖搖欲墜的時候，他再伸出友誼的手，出一個非常好的價錢買下這家店，條件是店家必須簽一紙合約，保證永不重回這

個行業。華生如此經營了五年，做得有聲有色，一城一城的摧毀了二手收銀機的競爭商家，不僅達到了派特森原定的目標，甚至替公司賺了不少錢。」

● ☆ ● ☆ ● ☆ ●

華生經過二手收銀機買賣的歷練，從一個溫文、有決心、肯上進的推銷員，蛻變成有眼光、能獨當一面、善於運籌帷幄的生意人，對經營企業產生了自信。派特森因此對他刮目相看，把他調回總部擔任業務襄理的職務。華生回到總部後，經常有機會接近派特森，從旁觀摩派特森管理公司的方法。成為華生此後三十年的人生中，影響他最深刻的人。

03

找到北極星

「NCR 在當代，可說是創新又奢華的工作場所。」360 大哥吐了吐舌。

●○●☆●☆●○●

老闆派特森是個充滿活力，又會犒賞員工的企業家：員工天天有熱騰騰的餐點；庭院中設置籃球場、網球場及散步步道；教育大樓裡，經常安排如何銷售、如何當個好領班等課程。公司還有一所「鄉村俱樂部」，裡面有馬場、露營區及高爾夫球場供員工使用。此外，每年一度的「百點俱樂部」大會更是重頭戲。派特森獎勵達到年度銷售目標的會員，盡情吃喝玩樂，費用全由公司支付。對於特別有功的員工，派特森更是大手筆送他們到國外旅遊，奢侈的享受一番。他認為這

些員工一旦嚐過奢華的滋味，回到德頓總部後，一定會更加努力賺錢。

這種種的員工福利，在現代的大企業裡，已不足為奇。可是在 20 世紀的初期，大部分的公司只會消極的防止員工參加工會，很少積極提供員工更佳的福利，讓工會無機可乘。就這一點而言，派特森很有前瞻性的眼光。

但是派特森是個獨裁者，掌控公司裡大大小小的決定。除了大決策外，他還規定員工該到什麼店買領帶，價錢多少；住旅館的小費應給多少；甚至訂定員工可以使用公司淋浴設備洗澡的次數，「夏天每週兩次，冬天每週一次」。針對推銷員，他另有一本「入門指南」，內容更加繁瑣，包括見顧客時，逐字逐條該講些什麼話，連語氣及停頓都嚴格規定，不容隨意更改。

派特森既霸道又善變，他的權威是不容挑戰的。堅持健康主義的派特森，對員工飲食、吸菸、喝酒、運動有諸多規定。在公司也算位高權重的

查爾摩斯向他建議：「有時候業務員在外面談生意，難免需要陪客戶喝幾杯雞尾酒、抽根雪茄、吃塊淋上厚厚肉汁的大牛排才氣派嘛！我看，您就放寬規定吧！」不料，惹來派特森大怒，查爾摩斯及親信們全都捲鋪蓋了事。

華生努力吸收派特森這套管理哲學，派特森成為他的精神導師、事業發展的北極星。幾年後，華生晉升為業務經理，掌理兩百多家分公司、九百多名銷售員。華生的作風比派特森開明，他立了一些規矩，重寫了「入門指南」，給推銷員更多自由發揮的空間。他手下的推銷員很喜歡這個改革，覺得他們個人的風格受到尊重，業績果然更亮眼了！——華生，成了 NCR 的一顆明星。

華生是個不斷求新的人。在一次業務會議上，一群推銷員繞著圈子提些不著邊際的建議，華生發怒的說：「我們每個人的問題是：思考得不夠！公司付給你薪水，不是因為你的腳會走路，而是你的腦袋會思考！」他轉身在背後的紙板上

寫下「THINK」。從此,「THINK」成為華生的箴言,後來隨著他流傳到 IBM,成為 IBM 重要的座右銘及企業文化的一部分 *。

　　華生在一次偶然的機會下,接觸到霍勒里斯發明的打孔製表機器。它在長方形硬紙卡上打洞,根據這些洞的位置把卡片分類、整理,再把整理後的資料列印出來。華生心想:「這個打孔製表機器太神奇了!我可以利用這些打孔卡片,統計各區銷售員的業績呀,比手寫的報表正確又快速!」日後,霍勒里斯機器成為 IBM 打孔製表機的始祖。

　　華生也不斷追求產品效能的進步。這時,華生結識了大學工程系畢業的凱特,他是個發明家,替華生的收銀機設計了不怕受潮的電動馬達,收銀機變得更耐用了。華生自此了解到,新

＊THINK:中文是「思考」的意思,也有人翻譯成「思維」。它被掛在牆上、出現在刊物上、印在便條紙上,是 IBM 最著名的標語。

的發明能推動業務，所以銷售與研究發明一定要緊密結合！

● ☆ ● ☆ ● ☆ ●

「你就是華生嗎？你好！我是琴妮，常聽父親提起你呢！」美麗的琴妮，在這時走進華生的生命中。琴妮的父親是德頓的仕紳，經常參加當地俱樂部的宴會。這天，琴妮和華生正巧在同一個晚宴上，琴妮注意到只有華生和她沒有碰面前的酒杯，因而對華生印象深刻。她主動上前介紹自己，兩人很快的墜入情網，一年後步入禮堂。琴妮成了華生一輩子的精神支柱。

罪與罰

　　NCR 在派特森的主導及華生的輔佐下，事業蒸蒸日上，市場占有率幾乎達到 90%，引起聯邦法院的注意。為什麼成功的事業會引起法院的注意呢？因為美國政府為了保護消費者的利益，及提倡公平競爭的市場機制，制定了防止企業惡性競爭的反壟斷法。如果 NCR 打垮了所有其他的收銀機公司，商家便只能跟 NCR 購買，NCR 不是可以任意的抬高價錢嗎？

● ☆ ● ☆ ● ☆ ●

　　前一晚的大雪，把德頓市變成了一個粉妝玉琢的銀色世界。大清早，居民打開早報，大吃一驚的讀到頭條新聞：「NCR 三十多位主管被聯邦大陪審團起訴。」起訴名單包括派特森及華生。

起訴書中列舉了三項罪名，每項各罰款五千元及一年刑期。如果都成立，被告將有三年的牢獄之災。聯邦大陪審團掌握了一個重要的證人——查爾摩斯——就是把華生介紹到公司總部，後來因為挑戰派特森而被免職的人物。

兩方的律師唇槍舌戰了一年，懷恨在心的查爾摩斯，對派特森惡意破壞競爭者的名聲，及打垮二手收銀機市場的伎倆可是瞭若指掌，在法庭裡，把 NCR 打得落花流水。聯邦法庭最終裁定這群被告得坐牢一年，但仍可上訴。

出身寒微，經過多年的奮鬥，好不容易嚐到成功滋味的華生，從沒想過自己有一天會當眾被貼上罪犯的標籤。一向樂觀的他也不禁心中一寒，感到前途茫茫。何況現在的他，不僅肩負扶養母親及姐姐們的責任，還有一個系出名門的未婚妻。這個判決，簡直是記當頭棒喝，讓他認識到比事業及前途更重要的，就是清白無瑕的形象和名譽啊！華生因此決心要成為一個偉大而且可

敬的人。

日後，華生在經營 IBM 時，一再灌輸員工正直、誠實、高尚的價值觀，尤其強調「尊重」。想在商場上贏得勝利，必須靠自己孜孜不息的努力，而非惡意打壓、破壞競爭對手！

● ☆ ● ☆ ● ☆ ●

判決後一個多月，德頓市連續下了四天的豪雨。有一天，派特森清晨開車上班時，注意到河流的水位暴漲。到了公司，因為 NCR 的地勢高，派特森再仔細瞧瞧，發現水位仍不斷上升，便想到：「如果全市淹起大水，NCR 可是唯一能避難的地方！」他立即召集人員，成立救災中心，收集食物、飲用水、醫療用品、毛毯、睡袋等，並命令木工製造平底船。這時，華生正好在紐約市出差，這個救災的重責就派給 NCR 的另一位後起之秀──葛倫特──處理。正如派特森所料，早上八點半，河水決堤；到了中午，一層樓高的黃泥漿水已將大半個德頓市淹沒，鐵路都被沖毀了。

大批的電報拍進來，卻很少訊息能傳出去，德頓市幾乎成了孤島。

華生在紐約的NCR辦公室，利用專屬的電報線路與德頓總部聯絡，並開始募集救難物資，徵召志工，安排火車。第二天一早，一輛載滿糧食、帳篷、外衣、毛毯、醫療用品、飲用水、志工、新聞記者和護士的專車，自紐約開往德頓市。第三天，另外一輛救災專車也出發了。

NCR總部收容了幾百個無家可歸的災民，他們不遺餘力救災的英勇事跡，占滿各大報的版面。派特森的照片出現在頭版，成了媒體描述的「水患英雄」及「協助救災的百萬富翁」，在在影響著社會對派特森即將入獄的觀感。媒體紛紛出現要求特赦的聲音，德頓市民也連署發起請願

書，呈給總統，希望特赦 NCR 的員工。

　　但即使特赦的消息下來了，派特森還是選擇上訴。因為接受了特赦，身上還是殘留著罪犯的印記。再說，挾著廣大的民意，上訴的勝算應該是相當大的。

　　華生回到德頓市，在才洗刷乾淨的小洋房裡結了婚。與審判期的黑暗日子相比，華生的生活暫時順遂起來。只是好景不常，不知道是否在救災期間，華生不在權力的核心，或者派特森想劃清公司裡被告及清白員工的界限，派特森開始疏遠華生。許多重要的會議，華生都沒有受邀。有一次出差回來，還發現他的辦公室已經給了別人。最後的一擊，發生在年度的百點俱樂部大會上。救災英雄葛倫特上臺講完話，該輪到華生演講，這時，臺下的派特森卻發出一陣歡呼，大大頌揚葛倫特，讓華生上不了臺。這樣的日子又拖了大半年，華生及兩個親信被解僱了。

　　華生最後一次步出 NCR 的大門時，他轉過

身，望著 NCR 的大樓，對著兩位親信說：「德頓市實在太小了……我要到外面闖一闖。我，華生，一定要建立一個比 NCR 更大、更成功的企業！」

這年，華生三十九歲。在 NCR 十七年，從沒沒無聞的推銷員助理，爬到總部業務經理的位置，又莫名其妙的失了業。十七年前，他是單身漢。現在剛成了家，妻子待產，還背負一個正在上訴的案子。他決定前往紐約市發展。

05

危機就是轉機

　　360 大哥一口氣講到這裡，大家內心開始激動起來，因為接下來就要講到他們了，每個人都想分享一些獨家的故事。

　　切肉機太爺第一個按捺不住：「華生先生……剛來呀！這個拼拼湊湊的公司……分散在三個城市，三個大老闆們我看不起你……你瞧我不順眼，一天到晚吵呀吵。弗林特先生……曾經從……外面重金禮聘兩個商場大師來整……整頓公司；他們都認為……我們彼此惡鬥，還欠了一屁股債，怎麼活得下去啊！華生先生……可不一樣！他呀！每個部門跑呀！信心喊話：這家公司有一天會成為……一個……輝煌的公司。剛開始大家以為他的腦袋……有問題哪！可是他一步一步的硬是有

招啊！咳⋯⋯」

　　小 PC 聽太爺說到這裡，滿肚子的疑惑：弗林特先生又是哪位啊？這是怎麼一家拼拼湊湊的公司？還有三位大老闆？這⋯⋯究竟發生了什麼事？但看太爺一興奮就咳個不停，好像沒辦法說下去，小 PC 硬是把這些問號吞回肚中。

　　360 大哥看到小 PC 一臉困惑的表情，連忙順順太爺的背，溫和的說：「太爺，您先休息休息，讓我接著說吧！要告訴小 PC 的故事還很多呢。」

＊ ☆ ＊ ☆ ＊ ＊ ☆ ＊

　　1914 年，華生到了紐約，走進了弗林特的辦公室，他是來求職的。弗林特，六十四歲，是個性格明快、平易近人，充滿無比自信的人。他從航運、軍火及國際貿易起家，最喜歡嘗試新點子。最近的傑作就是把三家產品毫不相干的公司合併為一家，打算藉由刪減重疊的組織來節省成本，讓公司更具競爭性。這間雜亂的公司，名字也毫無創意：從三家公司的本名中，各取一字拼湊成「計算—列表—記錄公司」，英文簡稱 CTR。

　　但這家拼拼湊湊的公司，一開始就債臺高築，更糟糕的是，原來三家公司的領導人，彼此鬥得水火不容。因此，弗林特急需尋找一個有才幹的人來接管這家公司。眼前這個剛走進他辦公室的男子，氣宇軒昂，充滿活力及魅力，談吐中表露出對創業的熱忱、自信及大膽嘗新的意願，都令弗林特滿意極了。雖然華生可能有一年的牢獄之災，但在 NCR 案件的上訴結果出爐之前，

弗林特寧願相信華生是無罪的。

　　華生接受了弗林特的合約，出任總經理一職，年薪兩萬五千元，一千多股股票，及公司淨利 5% 的分紅。在當時，知道公司內情的人，不免對華生分紅的要求感到好笑，因為公司根本瀕臨破產，能否存活下來都成問題。

　　但華生憑著在 NCR 銷售收銀機的經驗，了解商業交易自動化有無窮的商機，他注意到 CTR 的打孔製表機，就是他在 NCR 當業務經理時，大為欣賞的霍勒里斯機器。他看到了機會！他相信憑自己的努力，這間岌岌可危的公司，有一天，可以轉變成一個高道德標準、高品質產品、高素質員工、高服務水準的大企業。他要向派特森證明，自己不是個惡棍！

　　華生企圖扭轉一間瀕臨破產的企業，有一連串的事情等著他處理，但在這樣千頭萬緒的情況下，公司卻面臨沒有錢周轉的窘境，他得馬上向銀行借款。360 大哥頓了頓，問問在座的聽眾：

「如果是你，呃，會願意再借錢給一間在破產邊緣的公司嗎？」

打孔機爺爺立刻回答：「我說小老弟，銀行又不是傻瓜，怎麼可能再借給我們呀？完全看不到未來嘛！」

「是啊，這時，銀行要求華生提供資產負債表*。華生了解自家的資產負債表太難看了，但憑著膽識和破釜沉舟的決心，他向銀行表明：『資產負債表代表過去，這筆貸款是為了將來。』華生的自信，不但說服銀行貸款給公司，也激勵了員工，開始了重整步伐的第一步。」

華生不斷的在公司內部宣導他的遠景：「CTR有一天會成為一間輝煌的公司，請各位一定要相信自己從事的行業，才有成功的可能！」起初，大多數人都抱持懷疑的態度，但華生是個成功的銷售員，他可以推銷產品，也會推銷理念。他一

***資產負債表**：一種表示企業營運狀況的財務報表。

方面解說交易自動化的龐大需求，另一方面鼓吹團結的重要。漸漸的，越來越多的人接受他樂觀的想法，確信華生有辦法帶領大家走出一條康莊大道。

事實上，他沒有告訴大家一步、一步該怎麼做，也沒有高談闊論公司的策略或產品線。他把高級主管集合在一起開會，很誠懇的請問大家，他應該做些什麼？這種開誠布公的管理模式，在上個世紀的 20 年代可是絕無僅有的。當時，人們崇拜權威，大老闆高高在上，只會指揮下面的人怎麼做。華生這一招很管用，大家覺得受到了尊重，紛紛表達意見，因而得到不少好主意。

華生也常對員工們說：「大家都在一條船上，要有同一個方向。不管你的職位是經理人、工廠人員、服務人員、銷售人員、製造人員、辦公人員，都是以『人』為本，大家一律平等。老闆是協助底下員工發揮潛力的人，不僅僅是個決策者。」這獨特的理念，漸漸發展成公司尊重每一

位員工，員工也尊重自己，自發自動處理工作和對工作負責的特殊文化。當然，任何員工如果有好點子或有不滿的地方，他都願意仔細聆聽。這個制度，演變成日後 IBM 著名的「敞開大門」政策。

　　之後，法院撤回了 NCR 的案子，華生在 CTR 被正式任命為總裁。從華生接手公司起，業績不斷成長，公司開始有了盈餘。又過了幾年，他把公司沉悶的名字從拼湊的「計算—列表—記錄公司」，改成有氣魄又簡單的「國際商用機器公司」，簡稱 IBM。如今走過一個世紀，IBM 的藍色標誌已揚名全球。

06

IBM 的文化精髓

　　IBM 的總部設在紐約市，但小鎮安迪卡卻是 IBM 的重心，IBM 在這裡生產打孔機及製表機。華生對這個小鎮的發展有不可磨滅的功勞：他從 1914 年來到安迪卡建設廠房，到了 1930 年代，華生幾乎買下了整條北街，改建成一幢幢既整齊又附空調的白色廠房。廠房內部乾淨整潔，機器一塵不染，原木的地板光可鑑人。

● ○ ● ☆ ● ☆ ●

　　華生在安迪卡，運用了從派特森那裡學來的主意：

　　他在鎮外，闢建一個大規模的「鄉村俱樂部」，裡面有高爾夫球場、靶場、游泳池及圖書館。俱樂部每週供應三次晚餐，讓員工的太太們

不用天天下廚。俱樂部經常舉辦音樂會及各種社
交活動，每年員工的升遷慶典也在這裡舉行。平
日裡，每個員工都可以攜家帶眷在此享用一切設
施。整個工廠像個大家庭，員工們士氣高昂，生
產力也非常傑出。

　　華生看得大、望得遠，他知道想要企業永續
經營，除了優秀忠誠的員工外，更需要有滿意公
司的客戶。因此，培養頂尖、盡責、適任，兼具
良好品格的業務員來服務客戶，是首要的一步。

於是，他開辦了員工培訓中心，到了 1930 年代，培訓中心已經成為一所管理嚴謹、制度完善的「學校」。華生喜歡僱用可塑性高的年輕人，他們來安迪卡住校兩年，接受訓練。課程包括技術知識、生產線運作、銷售訓練及實習等等。訓練結束後，每個人就憑自己的功夫出去闖天下。

除了專業知識，學校更著重於傳授 IBM 的座右銘及核心價值。教導年輕人努力、上進、挑戰自我、追求卓越，做一個有成就感且忠誠的「IBM 人」。員工們要緊守三個信念：尊重周遭每一個人、提供超越客戶要求的服務，及永遠追求卓越。華生啟發每個人要具有遠大的理想，IBM 正是員工們實踐理想的所在。

公司的大門口，高懸著「THINK」的大字。通往教室的花崗岩樓梯，就像是新員工們踏往成功之路的階梯。校內四處貼滿了激勵人心的標語：「把握時間，光陰一去不復返」、「滾動的石頭不長青苔」、「不自滿，不傲慢」、「服務客戶，是

我們極致的目標」，以及「你的言行，代表你的公司」等。華生要求員工穿著整齊的深色西服＊，他總說「要穿得跟你見面的銀行主管一樣」，他不鼓勵抽菸，更禁止喝酒。

　　除了鄉村俱樂部及員工培訓中心，華生還設立從派特森那兒學來的「百分百俱樂部」，這是業務員成就的最高峰，他必須完全達到當年的銷售額度，才能晉升為榮耀的會員。每年在安迪卡舉行的「百分百俱樂部」大會，是 IBM 內部最重要的大事，它驅動業務員努力達成年度目標。

　　華生把這些學生當作自己的兒女盡心培育著，畢業後的員工也沒有讓他失望。幾十年下來，在新舊科技輪替的關鍵時刻，IBM 儘管並非一直領先，但是服務品質卻永遠是一流的。即使競爭

＊IBM 的服裝傳統：雖然 IBM 從來沒有規定制服，但是大家都仿效華生的穿戴，漸漸的，漿熨硬挺的白襯衫、整潔的西服、保守風格的領帶、紳士皮鞋和冬天時的軟呢帽，成為 IBM 業務員的註冊商標。這個傳統維持了八十多年，直到外來的總裁葛士納為了順應商界衣著轉趨輕便舒適的潮流，才在 1995 年改變了這個傳統。

者搶先推出最新的科技產品， 客戶也願意等待
IBM 的產品，因為科技產品的銷售並非賣斷就結
束了，售後的服務更為重要。精良的 IBM 業務員
不只是推銷公司的產品，他們靈活運用公司的產
品，提供解決客戶問題的方案。

　　另外，華生從好友凱特的經驗，了解創造新
產品的重要性。 再好的業務員也沒辦法賣出陳
舊、過時的產品，所以他在安迪卡建了一個研發
中心。華生四處求才，組成一個超級團隊，他在
這群工程師中營造競爭的氣氛，有時指派兩三個
小組進行同樣的任務，等到任務完成，再選出優
勝者。對於勝選的小組，華生固然獎勵有嘉；但
對於落居下風的團隊，華生也不會讓他們不甘心
而辭職，他會發個獎金，或安排他們度個假，因
為這些金頭腦們發明出來的點子，即使這次沒中
選，說不定能運用在其他方面，或可能是申請專
利權的好發明。

　　華生獎賞員工，還十分注重忠誠。忠誠是互

相的，員工對公司忠誠，公司也一定保障員工的職位。尤其，華生對生病或遭逢變故的員工，會特別伸出同情及關懷的援手。他還制定了一個榮譽制度，用來表揚優良的員工。不僅把他們的成就發表在公司定期出版的刊物上，甚至以歌謠頌揚。華生雖然鼓勵員工自發自動，但並不提倡個人英雄主義，群體的貢獻仍高過個人的光芒。

自然的，充滿幹勁的員工，不僅把公司當家，公司更是他們實現夢想及野心的戰場。華生把各部門緊緊連繫起來，創造出一批壯大、向心力強，又追求卓越的企業大軍，朝同一個目標邁步。華生是火車頭，大軍是緊掛在後面的車廂。火車頭往前衝，車廂也跟著跑。這種力量，是任何競爭者都望塵莫及的。

07

打孔機時代

　　打孔機爺爺知道，接下來就是他的天下了。只是當著眾人，尤其是切肉機太爺面前，他不好自吹自擂的說，他可是華生先生的最愛。

　　其實，CTR 早期時，時鐘部門最賺錢，其次是切肉機太爺所屬的磅秤部門，打孔機及製表機則是敬陪末座的。但華生憑著經驗及仔細的思考，大膽的把公司的前途押寶在打孔製表機業務上，還真押對了。

　　打孔機爺爺望向 360 大哥，不好意思的說：「我看 360 啊，你歇會兒。這之後啊，換我縱橫商場幾十年，知道的故事可多著，讓我說給小 PC 聽吧。

　　我的老祖宗是霍勒里斯先生發明的，他是一

個統計學家，也是一個發明家。1890 年正逢美國
十年一次的人口普查，霍勒里斯有了以卡片記錄
資料的構想。可是如何把資料儲存在卡片上，及
讀取、分類、加總這些資料呢？為此，他發明了
打孔製表機器。作業員把人口普查資料，譬如個
人的性別、年齡、職業、收入，在卡片預定的欄
位打上孔。當所有普查的資料打好後，作業員再
用讀卡機、分類機及計總機，把資料按照規格，
整理出來。現代人看當時這個過程，真是費時費
力。可是在 1890 年代，利用機器處理普查資料，

是個劃時代的壯舉。當年的普查利用這些機器，花了一年的時間把資料整理出來；而 1880 年的人口普查，完全以人工處理，一共花了八年的時間才把資料整理出來。」

打孔機爺爺看著大家還在凝神靜聽，又接著說：「說起來，霍勒里斯先生是個聰明的發明家，卻絕對不是個商業人士。他成立了一家公司，但不擅長管理，也想不出除了人口普查外，這些機器有什麼用途，就把公司賣給弗林特先生。直到華生先生看到我們的潛能，研發改進，藉訓練有素的業務員，把我們推廣出去，讓我們橫跨大蕭條、新政*、二次世界大戰而屹立不搖，華生先生可真是我們的伯樂*啊！」

---

*新政：美國羅斯福總統實施的一系列經濟政策，核心為救濟、振興和改革。

*伯樂：春秋時人，擅長辨別馬匹的優劣。後來世人謂人才為千里馬，而懂得賞識人才的人為伯樂。

08

咆哮的 20 年代

　　美國人把 1920 年代稱為「咆哮的 20 年代」。一次大戰結束，美國社會開始了很大的改變。越來越多的家庭逐漸「現代化」：有了電力，裝了電話，添購了收音機及冰箱。飛行家林白成功飛越大西洋。年輕人興奮的討論新發明：X 光、盤尼西林、無線電、測謊器、紅綠燈、擴音器、冷凍食品……新生代對科學機械及自動化，張開雙臂歡迎。「明天會更好！」全國洋溢著積極、熱情、樂觀的氣氛。

　　消費者的需求強勁，經濟開始起飛，政府不遺餘力的展開對企業的支持。人們把藏在枕頭下的現鈔或銀行存款拿出來投資股市，尤其工業股票成為美國華爾街金融市場的寵兒，因為科技發

明帶給人夢想及希望，成功的企業家成了人人敬仰的英雄。紐約市時常有盛大的慶祝遊行，就見白花花記錄股價的紙片，代表鈔票，從摩天大樓飄灑下來，鋪滿街道。

隨著商業發展的腳步，人們對自動化開始有了強烈的需求。華生不斷的觀察與思考，歸納出有些物品，譬如自動切肉機，只是節省了人的勞力。而打孔製表機，卻能在心智上幫人省力，減少腦力花在枯燥、乏味、單調又重複的書記工作上。「以機器代替腦力」，在當時的社會是非常創新的觀念，是資料及數據處理的起源。華生勾勒出打孔製表機美好的遠景，如應用在火車的訂票系統、銀行出納的會計工作，及保險公司的保單資料等都是很棒的點子。

他認定現有的打孔製表機業務只是觸及皮毛而已，等到客戶使用得心應手以後，往後的商機才是看不到邊界的。有了這個結論，他賣掉了磅秤部門，也減少時鐘部門的業務，全力發展打孔

製表機的銷售及研發。

　　「華生先生果然是有遠見的企業家啊！在公司發展這個重要的節骨眼上，選打孔機爺爺就對了！」小 PC 聽著聽著，不禁大聲叫好。打孔機爺爺笑著說：「就是說啊！想來，華生並非天縱英明，或者老天特別眷顧，把天機洩露給他。就像 IBM 學校牆上張貼的名言，他也是經過『閱覽、傾聽、討論、觀察、思考』才漸漸歸納出這個結論的！」

　　華生還有一個祕密武器，就是打孔製表機的「專利權」。經過 NCR 的洗禮，華生深深了解如何使用專利權防止競爭者進入市場。有了關鍵的專利，競爭者不是得研發出一套全新的技術，就是得付出高額的專利使用許可費。IBM 的打孔製表機正好有許多項的專利，完全有權利拒絕他人使用。

　　在製表機的業務上，工程部研發出專門用在 IBM 製表機的打孔卡片，用來儲存數據及資料。

這張長方形的紙卡有八十行，每行有十二個打孔點，全卡一共有九百六十個打孔點。每一個打孔點可以是一個名字中的一個字母，或一筆金額中的一個數字。IBM 為這張資料卡申請了專利，這種紙卡只能用在 IBM 的機器上：客戶要使用 IBM 的製表機，就必須跟 IBM 購買這些打孔卡片。而資料一旦儲存在 IBM 的卡片上，就不能使用在其他公司的製表機上。用打孔卡片綁住客戶，完全是一個高招，IBM 從這些打孔卡片中賺取了相當多的利潤。

到 1928 年，也就是華爾街崩盤的前一年，IBM 公司的業績成長了 3.5 倍，獲利快速攀升，股價跟著水漲船高。公司的股東大概沒有想過，有朝一日，能隨著公司的興旺而致富。

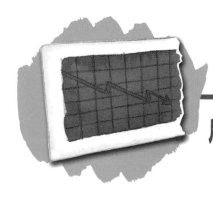

09

股市崩盤日的盛宴

　　1929 年的前九個月，IBM 的利潤比前一年同個時期，有大幅度的增加。正好，公司裡有一位忠誠的老員工福德，服務年滿四十年，華生順道藉這機會，替 IBM 大大慶祝一番。福德早年跟霍勒里斯一起研發製表機，後來霍勒里斯的製表公司併入 CTR，CTR 又改名為 IBM，福德一直留了下來，在研發部門盡心工作，對打孔機及製表機的改進有很大的貢獻。

　　慶祝晚宴設在富麗堂皇的阿靈頓酒店，離安迪卡不遠。除了當地的員工，還有許多來自紐約的主管及家屬們共同參與，因為人數眾多，公司特地包了一列火車，自紐約市開往安迪卡。

　　這些主管貴賓大都擁有 IBM 的股票，那一年

股市狂飆，IBM 成了一顆崛起的明星。許多人甚至以 IBM 的股票質押，向銀行借了大筆貸款，購買其他公司的股票。雖然這樣做有很大的風險，一旦 IBM 股價大跌，銀行催討保證金，他們可能賠上所有質押的股票。但是，全國都在做發財夢的時候，看著別人快速的發了財，每個人都深怕自己搭不上這班飛快的列車。

● ☆ ● ☆ ● ☆ ●

五小時的車程，火車馳過青翠的草原，餐車裡供應蔬菜湯、鹹杏仁、羊排、烤魚等豐盛的午餐。正當這些貴賓們在車上，或抽著雪茄聊天，或聚精會神打著橋牌之際，兩百英里外的紐約市華爾街，可是完全不同的世界。一個星期以來，華爾街股市大幅度的震盪，可是今天的賣壓特別沉重。證券交易所裡，交易

員嘶喊著，恐慌性的賣單不斷湧進，股市以史無前例的速度下跌，持續一整天。過了收盤時刻兩個半小時，交易員才筋疲力盡的清理完所有交易券。投資人眼睜睜看著自己的財富化為幻影，IBM的股價也以慘跌收場。

　　當年，沒有手機、沒有電視，更沒有網路，火車上完全看不到即時的新聞。「你說什麼？我們公司今天的股價慘跌？」華生下午抵達酒店，接到銀行打來的電話，才知道這場股市大屠殺有多慘烈。「這下不妙，要是賓客及員工知道這件事，一定人心惶惶，大大影響了慶典的歡樂氣氛！」華生毅然決然的下了一個決定。

　　就在許多其他大老闆們，憂心的準備療傷的關鍵時刻，好個華生！他面不改色，穿上晚宴服，挺直腰桿，氣宇軒昂的，大踏步向著宴會廳走來。號角響起，樂隊開始奏樂，大門開啟，廳內燭光搖曳，璀璨亮麗的水晶燈，閃爍著有如紅寶石、祖母綠及海藍寶的光影，秋日的菊花、劍蘭、小

百合在餐桌上怒放，六百多位盛裝的賓客，在鋪著雪白桌布的長桌之間穿梭，尋找自己的座位。賓客們拿起菜單，不禁啞然失笑，因為每道菜名都跟平日工作的術語沾了邊：磅秤魚、電控馬鈴薯、計數甘藍菜、打卡驗證蛋糕。接著是捉弄福德的短劇，還有十六人輪番上陣致詞，華生壓軸上場，戲劇性的揭開紅絨布幔，展現福德及家人的大照片，全場起立歡呼，報以熱烈掌聲。多麼美好的夜晚！多麼歡欣的賓客！從頭到尾，沒有人提及股市崩盤的隻字片語。

● ☆ ● ☆ ● ☆ ●

第二天，《紐約時報》以頭條消息報導「有史以來最淒慘的交易日」。華生卻在安迪卡當地的報紙上，對美國人信心喊話：「即使股市崩盤，美國企業依舊健全，實在沒有恐慌的理由。」

只是，華生這次預言錯了，那天的股市崩盤，為往後「十年大蕭條」拉開了序幕。然而，華生憑著堅定的信心及樂觀的精神，對公司的營運方

向押了一個大賭注。這個賭注在三、四年間幾乎讓公司破產，但五年後卻又奇蹟似的，有如天助般，不僅讓公司復活，而且更加茁壯。

在這危急存亡的時候，華生要把大家帶往什麼方向呢？他又做了什麼重大決策呢？

10
打敗大蕭條

　　自從大崩盤的第二天，華生發表對美國企業前景的看法後，已經有二十多天沒露面了！這二十天裡，像是天塌了一般，股市繼續下跌，公司行號紛紛裁員，金融機構掙扎著避免周轉不靈，許多借錢投資股市的人，一夜之間傾家蕩產，破產的證券商跳樓的畫面，每每出現在報紙的頭版。在 IBM，大家最需要華生打氣加油的時候，他卻失蹤了，難道連一向樂觀的華生都覺得前途茫茫而放棄了嗎？

　　隱匿了將近三個星期，華生終於出現了，他召集所有高級主管開會。

　　「過去三週來，我沒替公司做過任何一件事，因為我開了三個星期的『華生證券行』，夠了！」

華生說。他這樣一開頭，點醒了在座許多人，有
不少人因為個人財務受大崩盤影響而損傷，私下
求見華生。他們或要求公司借款，或預支薪水，
或打聽 IBM 的前景，或只是需要華生的慰藉。華
生都盡力一一幫助，因為他知道，要穩定軍心，
一定要先解決這些將領的個人難題。

　　「但是，從今天起，我們不能只是療傷，最
重要的是，我們一定要把 IBM 營造成一個更大、
更好的企業！我們眼前有很多艱難的任務，唯有
以建設性的思考及態度，才能達成這項目標。」
接著，他一一指派：研究部門儘早推出新產品，

業務部努力開拓海外新市場，財務部加緊收帳，工廠縮減成本，銷售、採購加快腳步，大家都得振作起來，團結一致，打敗大蕭條。

　　沒經歷過經濟大蕭條的小 PC，百思不得其解的問：「在經濟重創的時刻，每家公司都在大幅裁員、大砍研發預算，快速減少經費支出都來不及了，華生卻要每位員工加緊腳步？」打孔機爺爺搖搖頭：「小 PC 啊，你聽了那麼多，還不明白華生的為人嗎？這就是我們的好老闆、好華生！一個充滿無可救藥的樂觀、自信的人。遭逢困境只會越挫越勇，每逢危機不是光顧著唉聲嘆氣，而是正向思考，隨時做好準備、等待機會，或者說等待奇蹟發生。加上他把 IBM 當個大家庭，員工都是長年追隨的家人，有福時同享，有難時更要一起打拼啊！」

　　跨入 1930 年代，美國經濟持續萎縮，三千多家銀行倒閉，失業率高達 20%，在善心義工組織的「熱湯廚房」外面，等待領幾片麵包、喝碗熱

湯的民眾，排隊繞了好幾個街角。

　　一般公司行號繼續關閉廠房，減低生產量、減少購買機器設備。然而，這樣的做法，對經濟蕭條無疑是雪上加霜。當企業及個人都減低支出的時候，生產出來的物品賣不出去，企業就得關閉更多的廠房，失業人數更多，越多人買不起消費品，這種惡性循環讓企業及個人都失去了信心，經濟前景更加堪憂。

　　華生決定逆向思考：現今只有 5% 的企業使用製表機，還有廣大的市場等待開發；只要 IBM 能製造出適合的產品，推廣給這些潛在的顧客，IBM 就會成為更大更成功的企業。現在的經濟情況只是暫時的，正是布局最好的時候，如果等到經濟快速復甦時再準備，就

已經趕不上強勁的需求了。而且IBM這幾年累積的盈餘，也夠他下一個大賭注。

對外界，他一再拋出樂觀的看法：「我們已經快走出大蕭條了！」企業應該更努力，製造更多的商品，努力推銷這些商品，才會刺激需求，重新啟動經濟。

對內，華生做了兩個大膽的決定：

第一是增加生產，多僱員工，尤其是他最喜愛的推銷員。有一次華生在畫廊裡遇到事業主要的競爭對手，雷明頓蘭德公司的大老闆吉姆。吉姆開玩笑說：「湯姆呀，經濟這麼糟，你還在僱用更多的推銷員嗎？」華生回答：「我都快六十歲了，到我這個年紀的人，多少有些毛病，有人貪杯，有人花心，而我的毛病就是喜歡僱用推銷員，而且打算繼續這樣做下去。」

另一方面，華生斥資一百萬，相當於全年利潤的 6%，在安迪卡興建企業界第一座實驗室，把IBM所有的研發及工程人員都齊聚在一起。實

驗室裡有空調、美輪美奐的會議廳、最先進的儀器設備，以及模擬不同氣溫及溼度的「氣候室」，用來確保製表機及紙卡可以在不同氣候的城市運作。

華生給員工最好的一切，也要求員工以最大的努力回報公司。外面的大蕭條完全沒有影響到這群金頭腦。IBM 不斷推出新產品及新發明：讀卡快速的電動「會計機」、可做乘法及除法的「打孔機」，以及可以同時列印文字及數據的「製表機」。在當時，這些發明都是了不起的成就，IBM 在科技上遙遙領先其他的競爭對手。

只是，這些先進、龐大、快速的產品相當昂貴，市場的接受度沒有華生預期得那麼快，從大崩盤以來五年了，公司的業務不但沒有增長，甚至因為華生大手筆的開支，眼看就要耗盡累積的盈餘了。董事會開始考慮是否要辭退華生，另請高明。就在這個時機點，好運降臨到華生的身上了！

11

日進千元的總裁

　　正當董事會討論是否該開除華生的時刻，也是美國經濟處於最黑暗慘澹的年代，羅斯福總統推行了一個改革經濟及社會福利的大計畫——「新政」。這個計畫有三個重點：失業救濟、振興經濟，和改革金融體系以免大蕭條再度發生。

　　小 PC 問道：「難道說，這個新政跟華生的好運有關係嗎？」

　　打孔機爺爺點了點頭：「完全正確！羅斯福總統簽署了一個《社會安全法案》，要求所有的企業預扣員工部分薪資，退休後再支取。每家企業都得用聯邦政府設計的表格，在每一個發薪日，填寫每一個員工薪資的詳細資料，呈繳給政府。而政府收到這幾百萬份的報告，也需要確認、儲存、

整理，再發放給退休人士。

這些數字的運算及資料儲存，對現代的電腦而言，只是小事一樁，但是在八十年前，當企業支付員工薪水，是使用手寫或打字機的支票時，這項新的要求，簡直是難以想像的龐大負擔。聯邦政府也估計不出需要什麼樣的計算能力，才能處理所有的報告。一夜之間，會計機成了搶手貨，除了 IBM 累積的庫存外，還有誰能供給市場強烈又急迫的需求呢？接下來的幾年成了 IBM 的起飛期，業務量不斷創新高，利潤大幅上升，更往海外拓展到德國、法國、義大利。」

打孔機爺爺一臉驕傲，老舊的身軀頓時散發了光彩，激動的說：「我果然沒看錯華生！幸運之神眷顧了他呀！可是他的成功完全是靠運氣嗎？也不盡然，要是他沒有樂觀的個性、不屈的信心、冒險的精神及充分的準備，好運也會過門而不入的。」

　　新政實施後，政府為了加強監控民間財富的分配，成立了「證券交易委員會」，並發表了企業經理人薪資的排行榜。大眾赫然發現排在榜首的，不是兩大車廠的總裁，而是一家中型企業，賣會計機的華生。他的年薪超過三十六萬，等於每天一千元，所以華生被謔稱為「日進千元的總裁」。這個數字對飽受大蕭條折磨的市井小民而言，真是個驚人的天文數字。

　　其實，華生的本薪在企業經理人中，並不算高，他的高年薪很大一部分來自公司利潤的分紅。還記得華生當初曾要求公司5%的分紅嗎？當年那個東拼西湊、負債累累，幾乎破產的CTR應允了這個條款。二十年後，華生把公司打造成如日中天的IBM，給自己帶來了可觀的報酬。跟著他的員工們，也都大獲其利。不管是主管們、業務員或工廠裡的員工，華生發給他們的紅利，總是令人側目。華生對於提升員工福利也是不遺餘力，IBM開企業先例，提供員工人壽保險、家

屬生活保障及有薪度假等。

　　華生功成名就，「打敗大蕭條的人」的好名聲不脛而走。跟著他一起發達的主管及員工，對他尊敬，不，應該說崇拜極了！

　　小 PC 聽到這裡，既欽佩又感嘆：「故事一開始的那位小華生，年紀輕輕就得四處打零工幫忙家計，現在竟成為『日進千元的總裁』，手下還有一群忠誠、又會思考的 IBM 生力軍！這都是因為他一路走來，即使面對挑戰仍樂在其中，積極面對人生的種種難題，不改初衷和始終有滿滿的熱情，才有這樣傲人的成就啊！」

12

永遠跑動的火車頭

　　1930 年代中期，華生已經六十出頭了，但是他仍然充滿精力及活力，跑在時代的尖端，帶著他的企業大軍，全速的往前衝。

　　這個火車頭，喜歡不停的跑動，也喜好接觸各行各業的人。IBM 的總部設在紐約市，但建在安迪卡的招待所，是他的「家」。他每次「回家」，總是儘可能安排一個「家庭聚餐」，與各地來接洽業務的客戶、來受訓的推銷員及工廠裡的員工見面。華生還喜歡參加各種商會*、俱樂部，愛聽歌劇及各種社交活動——在輕鬆的環境下，聽取

***商會**：公司同業聯合組成的非營利機構，目的在於共同合作，一起拓展業務、互通資訊及聯誼等。

來自四面八方的資訊。

　　不過華生一回到總部，他的高層主管跟他開會，可就沒那麼輕鬆啦！他們事先完全無法掌握華生質詢的範圍及細節：可能是員工工資低於工會的標準；可能是主管姑息員工飲酒；可能是分公司發現了一個人才；可能是客戶抱怨紙卡過短；可能是外界某人發明了一張專門為 IBM 製表機設計的桌子；可能是一個紐約員工，為什麼會離鄉背井的被調到德州去？華生總會利用這些細節，鞭策經理人不得懈怠，並且一而再的傳授自己的經營哲學：

　　「經理們，千萬不要跟基層員工脫節。時時給他們最好的安排，讓他們發揮所長。聆聽客戶的聲音，對創新的點子保持開放的心態。正直、忠誠及不斷『THINK』，是我們企業最重要的價值！」

　　說到「創新」，打孔機爺爺又想起一件有趣的事：「哦呵呵，華生啊華生，他每天都有新招啊！

當時，在清一色男性的 IBM，華生決定開始僱用女性員工＊。為什麼會有這新鮮事呢？當年，安妮，華生大女兒珍的同學，大膽的寫了一封信給華生，詢問為什麼大企業不僱用女性？華生最欣賞這樣生氣勃勃，有創新想法，又無所畏懼的年輕人。果不其然，那年 IBM 學校僱用了安妮及其他二十四名女生，與六十七名男生一起受訓。」

華生給人的印象一向是個剛毅的男子漢，可在對待這些新僱用的女員工上，他完全表現了細心體貼的一面。日理萬機中，他想到送給她們巧克力，為這些女孩安排派對。為了宣揚 IBM 僱用女生的新決策，他會帶幾個女孩一同四處開會。有一次，在紐約一個陰溼的下雨天，他注意到四個跟他到處跑的女孩子，鞋子全都溼透了，他要

＊**僱用女性員工**：這方面華生遠遠走在時代之前，大部分的企業到 1970 年代才開始保障女性員工的名額，而早在 1935 年，第一批女性員工已經從 IBM 學校畢業了。但是當時她們一結婚就得辭職，這個規定到 1951 年才廢止。

司機把車開到鞋店，給每人買一雙新鞋。又有一次，四個從加州來安迪卡受訓的女學員，聖誕期間不能回家，決定到紐約一遊。聖誕前夕的清早，她們在旅館裡竟然接到華生親自打來的電話，邀請她們晚上赴華生家享用聖誕大餐。華生的用心，完全出自天生對周遭人的關懷心。

安妮受完訓後，留在 IBM 學校任職，她活潑熱忱，能幹又容易相處，經常代表公司出外招聘員工、籌備大型活動，後來當上人事部經理。曾赴華生家享用聖誕大餐的加州女孩露絲，也藉著良好的學歷，和對公司的忠誠，在華生鼓吹女性從業的環境下，表現傑出，數年後成為 IBM 的第一位女性副總裁，同時也是早年企業界擔任高級主管的女性之一。

13

新的北極星

　　二十年前，華生被逐出 NCR 的大門，他當時最大的志願是要建立一個比 NCR 更大、更成功的企業，讓派特森刮目相看。如今，華生一手創立的 IBM，稱霸整個會計機市場，華生成為全美最高薪的企業經理人，躍升社會名流，還結識了美國最重要的人物——羅斯福總統。

　　大蕭條中，羅斯福總統推行了許多新的措施，以求振興經濟、改善失業及提倡社會福利。雖然，羅斯福在企業界，並不是個受歡迎的人物，因為新政保障勞工權益，制定最低工資，及每週最高工時，影響公司的生產及成本。然而，華生卻是企業界中少數支持羅斯福的人，他相信羅斯福為了挽救國家，必須施行一些不討好企業的措

施，而且 IBM 的員工福利其實早已符合新政的要求。IBM 因羅斯福的新政浴火重生，除了大小商家外，政府機構也成為 IBM 的重要客戶了！

當美國在大蕭條中掙扎，整個世界也動盪不安：德國希特勒公開迫害猶太人；西班牙開打了一場血腥的內戰；蘇聯的史達林獨尊馬列主義，開始清除異己；軍國主義的日本，在占據中國的東北後，還打算更進一步入侵。

羅斯福對內要與大蕭條作戰，對外與英國首相邱吉爾聯手對抗希特勒及義大利的墨索里尼。羅斯福行事決斷、有新意，是個大無畏的先驅者，深深吸引了華生，因為華生在羅斯福的身上，看到自己的影子。華生找到了新的「北極星」，他想做「商界的羅斯福」！於是，華生為自己訂了一個宏觀的目標——以 IBM 為平臺，推動國際間商業繁榮，提倡資本主義及民主制度，促進世界和平！

小 PC 吐了一下舌頭：「這個目標聽起來令人肅然起敬，不過太難了吧？」

　　打孔機爺爺嘆口氣：「哎，華生呀，他總是想得大又遠，戰爭讓百姓受苦，對企業也沒有利益呀！他認定總能想出個點子，以自己的推銷能力，把世界和平的理念推銷給各國的領導人。第一步，華生在 1937 年當選了『國際商會』*的會長。不過，後來的發展可沒這麼順利！華生先生實在太有自信啦，加上盲目的樂觀及對聲名的熱中，造成他一生中最大的錯誤──華生他啊，跟納粹*頭子希特勒對上了！」

---

* 國際商會：第一次世界大戰後，國際間成立一個政治機構──「國際聯盟」，以解決國際爭端及制定國際法則。「國際商會」好似商業界的「國際聯盟」，主要在解決國際間貿易、關稅及專利權等的紛爭。

* 納粹：德國在一次大戰後成立的政黨，全名是國家社會主義德意志工人黨。希特勒入黨後，黨務蒸蒸日上，擔任黨魁的希特勒於 1933 年出任德國總理，德國進入希特勒獨裁時代，俗稱「納粹德國」。

14
與敵為友

　　1937 年，華生偕同妻子琴妮來到德國柏林，參加「國際商會」的年會及會長的交接。這時候的希特勒已開始用血腥的手段排除異己，成為獨裁者，把德國變成一個極權的警察國家，納粹氣焰高漲。

●　✫　●　✫　●　✫　●

　　前一年的夏天，柏林主辦奧運。雖然希特勒在奧運前，企圖宣傳他的「亞利安」種族優越理論，並且阻止猶太人及有色人種參加比賽，但沒有成功。美國的黑人選手，杰西·歐文在奧運中大放異彩，奪得四面金牌，除了希特勒踩腳離席外，奧運算是圓滿的閉幕。

　　今年的「國際商會」又是一場國際盛會，野

心的獨裁者還沒露出侵略的真面目，與會的人士仍滿懷希望，想藉國際間密切的通商，阻止戰爭發生。華生一肩挑起這個重擔，喊出「國際貿易達成世界和平」的口號，準備把和平推銷給希特勒。

只是華生夫婦才到柏林，就發現街頭瀰漫著狂熱及混亂的氣氛。很多猶太人開的商店，櫥窗被打碎，店裡商品遭到洗劫。琴妮的朋友，一個非常成功的猶太家族，正在賤賣旗下的百貨公司，準備舉家離開德國。這家已經有四十一年歷史的百貨公司，著名玻璃屋頂下的中庭，水晶燈仍然璀璨亮麗，主人卻倉皇的把家當塞滿了六節火車廂，準備逃往瑞典。

華生感受到納粹對猶太人的不公，更相信他需要說服希特勒，世人冀望國際間能和平通商，而非殘酷的戰爭。在正式任命的典禮上，各國代表有將近千人出席，接下來是好幾天的會議、政治活動及宴席酒會。

　　第三天，對華生而言，是歷史性的一刻，他跟希特勒見面了。會談的內容沒有任何書面記載，外人無法得知真實的狀況。會後，只見華生步出會議室，滿面春風，對等待的媒體宣布：「希特勒親自承諾，不會有戰爭，沒有國家喜歡戰爭，沒有國家負擔得起戰爭的代價。對德國，也是一樣。」

　　在古堡舉辦的豪華派對掀起年會最高潮，三千多名賓客又吃又喝，大唱德國民謠。等到德國經濟部長現身，要求大家安靜下來，慎重的介紹了華生。在納粹黨員的歡呼聲中，華生上臺，全場一片寂靜。經濟部長展開一條紅黑白相間的綬帶，親自幫華生佩戴好，上頭繫著一只「德國飛鷹十字勳章」和星星。經濟部長接著致詞：「請接受這項贈禮，它代表德國人的誓言，我們誠摯的願望，為了所有國家經濟及文化的福祉，我們將盡

所有的力量，重新開展國際貿易。」臺下報以如雷的掌聲。

　　小 PC 插嘴說：「臺上的華生，多榮耀啊！從紐約鄉下，駕著馬車賣縫紉機，到站在國際舞臺上，推銷世界和平，這條路可真長呀！」

　　打孔機爺爺想了一想：「華生應該沒那麼天真，認定他能約束希特勒的野心。說起來，他也是為 IBM 著想，IBM 在德國有一間分公司及兩個工廠，是美國以外最大的市場。德國分公司設計的人口普查機器，全世界無出其右，甚至安迪卡也已停止生產，全賴德國進口。戰爭一旦爆發，IBM 的資產怕要遭受沒收的命運。所以，他寧可一廂情願的相信他達成使命了吧？」

　　只是，華生萬般沒想到竟會事與願違，接下來的幾年，希特勒開始併吞奧地利、捷克，又入侵波蘭。在國內也變本加厲的實施對猶太人的「迫害之夜」，接著聯手義大利及日本，準備發動世界大戰。

　　當世人看清了希特勒的真面目，華生手上的這枚勳章成了燙手的山芋。為了保住 IBM 在德國的權益，華生難得的沒有站出來譴責納粹的暴行。

　　華生姑息了三年，直到湯米從軍，眼看兒子就要對希特勒宣戰，才毅然決然退回了勳章，並在信函中認定希特勒欺騙了他。

　　狂怒的希特勒宣稱，華生休想再踏上德國的土地。德國分公司的前景堪慮，但是華生保存了 IBM 最重要的資產：IBM 員工對他為人正義的信心。終究華生一生所行，代表美國的精神：正直、自由、平等，及尊重生命。他怎能認同納粹的迫害行為？雖然拖了三年，華生還是在適當的時機做了正確的決定。

15

IBM 王國的慶典

　　1930 年代末期，華生已經成了傳奇性的人物。他打敗了大蕭條。IBM 的機器對進化的工業界，越發重要。IBM 衣著整潔的業務員，訓練精良，有效率又充滿熱忱。華生自己每年公開露面好幾百次，在任何場合，總能適時宣揚公司的文化、公眾的利益，或和平及繁榮的理念。IBM 堂皇的公眾形象是美國成功企業的最佳典範，華生超人的勇氣、遠見、精力，及永不放棄的特質，更代表美國人奮鬥成功的精神。

　　1939 年春天，試圖在大蕭條中奮起的美國，準備在紐約市舉辦世界博覽會。華生當然不會缺席這種大規模的盛會。IBM 當時還只是一個中型的公司，與通用汽車、福特汽車，甚至美國無線

等大公司的規模還差得很遠。但華生總是「往大處想」，決定比照大公司對博覽會的支持，設立 IBM 展覽館，還特別捐款贊助。華生的大力支持，換回大會把 5 月 4 日訂為「IBM 日」的回報。而且不僅今年，明年的世界博覽會，還會有一天訂為「IBM 日」。

「這場世界博覽會啊，簡直就像 IBM 王國的慶典！」打孔機爺爺興奮得比手畫腳，不顧老舊的身軀發出唧唧的聲音。

5 月 4 日正好是華生進 CTR 滿二十五年的日子。當天早上，四千多名賓客在 IBM 館的大廳外等候。隨著遠方傳來的馬蹄聲，一小隊騎兵接著出現，十七匹駿馬，載著十七位威風凜凜的白衣騎士。騎隊後面是一輛黑色轎車，等到騎士們列隊停在大廳前，向轎車致敬時，只見華生風度翩翩的從轎車裡下來。賓客們可從來沒見過這樣的陣仗，紛紛上前跟華生握手致意。

「IBM 日」一開場，就已造成轟動。賓客們

在參觀 IBM 館、華生的演講及音樂會中,度過愉快而優美的下午。晚間,在豪華的酒店享受盛宴,賓客們連番致詞。最後好戲登場,由祕書揭開紅絨布幔,送上 IBM 給華生的禮物:一幅巨大的華生肖像油畫,大家全心全意感謝華生先生,多年來片刻不離崗位,帶領公司成長,度過重重難關。賓客報以如雷掌聲,即使親身經歷過不少盛大場合的華生,還是感動得需要鎮定一會兒,才說得出感謝的話。

到了隔年的世界博覽會,華生擴大舉辦,期望「IBM 日」再次成為企業界的創舉。他豪氣的租了十二輛火車,邀請一萬名賓客。凡是前來參加的員工,旅費一概由 IBM 支付。華生更在《紐約時報》刊登全版廣告——在飛馳的火車上頭,下了個大大的標題:「他們將搭乘十二輛專車前

來」，深深攫住眾人的目光！

博覽會當天，員工們興奮得上了車，許多人還是第一次到紐約呢！不料，在中途的一個小鎮上，一輛專車沒有預料前車會在小鎮停靠，過了轉彎處，猛然煞車，卻已經撞上了。一陣陣尖叫及混亂之後，大家紛紛爬出車廂，所幸無人喪命，但有四百多位員工分別受到輕重傷。

撞車不久，華生接到了電話，他馬上和大女兒珍親赴出事現場。抵達小鎮後，立即前往當地的兩家醫院，探視受傷的員工，致贈鮮花，與他們一一交談。他擔心小鎮的醫療設備不足，命令總部的經理們，不計代價邀請一批紐約的醫生及護士前來協助，一定要給受傷的員工最好的醫療。同時立刻調度專車，把傷勢輕微的員工們送去紐約參加博覽會。

雖然車禍是個不幸的插曲，IBM 的展覽可說是非常成功，估計有兩百五十萬人參觀 IBM 館的展出。比起在報紙或廣播電臺打廣告，大概只有

一千個人會看而言，花在博覽會的財力及人力，
著實是個眼光遠大的投資。

　　車禍意外發生的當年，還沒有任何管理學院
發表「危機處理」的學說；也沒有管理大師教導
企業經理人，遇到危機應該馬上行動，掌握大局，
不計代價，做出正確的決定。華生對車禍的反應，
完全走在時代的先鋒。其實，華生根本沒想要樹
立一個楷模，他完全憑直覺行事。這些員工都是
他的家人，家人有難，怎麼能不馬上赴難？華生
平日要求員工絕對的正直及忠誠，對員工，他也
報以完全的忠實及心力，IBM 就是靠這種上下一
心的凝聚力，建立無敵的王國。

16

戰火中的賭注

　　1940 年，波蘭及捷克已被希特勒占領了，德國正進一步入侵丹麥、挪威、比利時、荷蘭、盧森堡及法國。義大利的墨索里尼與納粹結盟，盟軍開始轟炸德國工業區，世界大戰一觸即發。

　　隔了一個大西洋的美國，暫時還沒有完全捲入戰爭，但國會已經下了徵召令，美國軍隊的人數急速擴充，華生的兩個兒子都被召募入伍。為了支援盟軍及美國軍隊，羅斯福總統採取大動作，號召美國的企業，擱置既有的產品，轉向生產戰備及軍需用品。

　　小 PC 看了看打孔機爺爺，歪著頭問著：「我想，一向樂觀、有膽識、喜歡創新、敢冒大險、做大決策的華生先生，這回在國家需求中，又看

到了契機吧？」打孔機爺爺摸摸小 PC 的頭，笑笑的說：「是啊，小 PC 總算了解華生囉！他想到，IBM 可以藉生產戰備及軍需用品，擴張公司的規模，馬上應允了羅斯福總統的召喚，對外宣布：『IBM 全部的設施提供給戰備之用，以防禦我們的國家。』當然啦，華生雖然看到了機會，但是他的道德觀不容許 IBM 發戰爭財，所以訂立幾項重要的規章：限定公司只賺取 1% 的利潤，凍結自己的薪資，參戰的員工繼續支領 1/4 的薪水，保障退役的員工回 IBM 的工作，並且成立基金會，照顧因參戰傷亡的 IBM 員工家屬。

　　只是，當華生立下這樣的承諾時，應該沒有料到局勢會如何發展，他本以為利用現有廠房，增加機器設備，即可供應需求；不料，1941 年發生日本偷襲珍珠港事件，導致美國全面捲入大戰，軍需不停擴充。IBM 在政府資助下，在安迪卡擴建廠房，又在紐約市北邊的波基普西鎮，蓋了一個比安迪卡廠大兩倍的新廠，生產戰備物

資。接著在加州聖荷西南端建了一個工廠。」

　　360 大哥給打孔機爺爺示了意，來個補充：「說起聖荷西，在它北面的一片櫻桃園，自 1970 年代逐漸轉變成電子高科技業的重鎮，形成全世界有名的『矽谷』。看來早在三十年前，華生似乎已有遠見，為了就近參與剛萌芽的電子科學，從東部來到了聖荷西呀！」

　　「唔，這倒是。大戰時，IBM 2/3 的機器，日夜不停的生產卡賓槍、坦克、大炮、戰鬥機的機槍、投彈瞄準器、防毒面具。」打孔機爺爺一面回憶二次大戰的場景，一面交待 IBM 的發展。

● ☆ ● ★ ● ☆ ●

　　戰時，政府及軍方又發現 IBM 打孔製表機的新用途：通訊官利用它們製作敵人無法破解的密碼；參謀長用它計算並分配部隊的人數，及裝備的種類和數量。部隊使用它記載士兵的資料、薪資的發放、名額的遞補、落彈的總量、戰俘的處置及軍需的存貨等等。IBM 一共租出幾千臺的打

孔機及製表機給政府，IBM 的業績因而繼續成長。

　　大戰中，IBM 還與哈佛大學合作，研發出一個大型的機電式計算機：馬克一號。它是一個五噸重的龐然大物。一秒鐘可以做三個加法，或一個減法，一個乘法費時六秒鐘，一個除法約十五秒。計算三角函數或對數，則要一分鐘的時間。打孔機爺爺悠悠的說：「現代的筆記型電腦哪，0.01 秒就能做同樣的運算，馬克一號儼然是上古時代的恐龍。可是，當時美國海軍靠這隻恐龍，做了許多需要重複運算的工作，且長達十五年之久。」

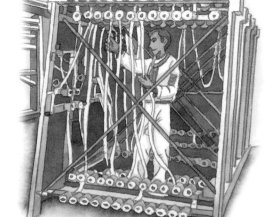

　　戰爭總有結束的一天。戰後，軍方及政府的
合約會跟著結束，屆時肯定有許多企業，打算關
閉多餘的廠房，並資遣勞工。華生可不這麼想，
他絕不縮減公司的規模，只要是 IBM 僱用來的
人，即使是生產武器的工人，都是自己的家人，
而且戰後還有四千多名 IBM 的員工回來，他得要
想辦法讓他們都有工作。還有，軍方將退還幾千
臺的打孔機及製表機給 IBM。公司少了這份租金
不說，如何處理這些舊機器也是件頭痛的事。

　　這時期，IBM 的經理們最怕跟華生開會。他
不是苛責研發新產品的腳步太慢，就是挑剔主管
們沒有創新的點子。在他的鞭策下，IBM 總算是
研發了一系列的新產品，準備在戰後推出，同時
想出處置舊機器的方案。

　　1945 年 8 月 6 日，美國在日本投下原子彈，
日本無條件投降，第二次世界大戰宣告結束。IBM
把退回來的舊機器，以低價出租給中小企業，及
戰後百廢待興的歐洲國家，以前付不起 IBM 機器

租金的消費者，現在有了機會使用 IBM 的打孔機及製表機了。

　　戰後頭幾個月，政府給企業的合約大幅減少，經濟蕭條了一陣子。很快的，消費者開始搶購戰時暫停生產的消費品。尤其，數百萬退役的兵士，需要購買新屋、冰箱、洗衣機、電視、家具、汽車。突然間，經濟蓬勃發展，公司開始增產，建新廠房，蓋新的辦公室，接連帶動運貨卡車、辦公桌、紙張、辦公用品等工業發展。

　　為了記載及管理商業簿記，這些企業需要會計機及製表機。這時候，IBM 最新設計的產品已經準備好了，此外，又有誰家能像華生一樣，擁有一支遍布全球，訓練精良，求「業績」若渴的推銷大軍呢？

17

小湯米迷失的童年

　　打孔機爺爺一口氣說完了自己的輝煌時代，喘一喘氣：「呼……到這裡，華生先生的故事暫告一段落，接著，是另一位 IBM 的傳奇總裁，湯米‧華生的崛起，我啊，可算是一路看湯米長大的。

　　華生在湯米出生那年來到 CTR。差不多從湯米五歲左右吧，華生偶爾會帶他來公司開會。不過呢，他坐不到兩分鐘，就抱怨受不了滿屋子的雪茄味，一溜煙的跑走了。他最喜歡到樓下的機房來，也就是我們打孔機做事的地方。辦事員手中那些成堆的卡片，經過我們『開洞』，產生許多細碎的長方形紙屑，小湯米看到這些紙屑可樂開了，隨手抓起一大把，任意拋灑起來。看著紙屑

在空中飛舞，咯咯的笑個不停！」

　　打孔機爺爺一邊陶醉在回憶裡，一邊意猶未盡的接著說：「湯米小時候是頑皮了點，常讓爸媽很頭痛哪。我們也看不出他後來會成為 IBM 另一位超級總裁啊！湯米的豐功偉業，就屬 360 最清楚囉！」

　　360 大哥趕緊接著說：「是啊！華生先生離開人世後，湯米接下總裁的位子，帶領 IBM 全面進入新興的電腦市場。在他擔任總裁的十五年中，IBM 的業績成長了十倍以上。華生先生奠定了 IBM 殷實的根基及文化，湯米把 IBM 帶上了更高一層樓。」

　　360 大哥看了看小 PC 的頭上，再度冒出許多問號，一副焦急的樣子，便笑著說：「小 PC 啊，你一定好奇的想知道更多有關湯米的故事吧？他是個什麼樣的人啊？他是否跟爸爸一樣，從小就有大志向呢？有一個大名鼎鼎的爸爸，對湯米來說，壓力一定不小吧？」

　　小 PC 猛點頭，故事聽到這裡，還真欲罷不能，他實在太想知道答案了，連忙回應：「360 大哥，請繼續說下去吧！」

●　☆　●　☆　●　☆　●

　　華生憂心忡忡的，在房裡來回踱步。這回他腦子裡放的不是 IBM 的公事，而是他的大兒子湯米。

　　上了小學的湯米，好像沒有一天不闖禍的。華生知道，他書念得不好，那些字總在他的眼前「游來游去」。體育不行，沒有特長。沒有什麼朋友，唯一擅長的是惡作劇。不是擅自借用鄰家的油漆和刷子，在街道上任意塗鴉。就是在模仿印第安人放煙火的遊戲中，用一件嶄新的皮外套蒙火放煙而毀了新衣。

「哎……湯米呀，什麼時候變成大家口中那個『壞透的湯米·華生』？」太太琴妮也滿臉愁容：「我也很煩惱。說真的，湯米出生時，正是你開始在 CTR 打拚，最忙、最艱難的時候。六年裡又陸續添了兩個妹妹及一個弟弟，我也沒辦法把注意力多放在湯米身上。我有一次氣極了，乾脆把他送到派出所，讓警長關入牢房呢！」

「別說妳了，我也氣得很。前幾天，他把臭鼬的體液倒進學校的通風管，臭氣傳到每一間教室，害得學校停課一天。才準備讓他挨鞭子，這孩子跑得飛快，我沒打著。唉！妳才辛苦，都是我太忙，沒時間好好管教孩子們。」華生自責起來。

琴妮又嘆了口氣：「你也別太責怪他，我們的湯米是個乖孩子，但……他真的很不快樂。你知道嗎？他昨天放學哭著跑回家，對我說：『我做不到，我沒有辦法到 IBM 上班！』」

華生聽了有點吃驚，想不到小小的湯米有這

樣大的煩惱。

　　隔天華生溫和的對小湯米說：「你的爺爺曾希望爸爸我呢，當個律師，但是我選擇了推銷工作。親愛的小湯米，你當然也可以自己決定想做什麼，最重要的是喜歡自己的職業。」

　　小湯米聽了，內心還是有些不安，暗暗想著：「爸爸真的是這麼認為嗎？」在小湯米看來，爸爸華生是無所不在的重要人物：學校家長會、主日教會、網球俱樂部、銀行董事會，處處都有爸

爸的影響力。連學校辦公室及每間教室裡掛的
鐘，都是 IBM 送的。在湯米十三歲時，爸爸還帶
他一起參加 IBM 的業務會議，他們穿著相同的西
裝、大衣、圓頂寬沿帽，兩人肩並肩，幾乎一般
高。他苦惱的想著：「帶我去參加會議，不就是希
望我長大後加入 IBM ，繼承總裁位子的意思
嗎？」

　　或許，華生的確沒期望湯米成為 IBM 總裁，
只要湯米能成為一個有擔當的男子漢，走出屬於
自己的路，過得快樂就好。但是，湯米想到爸爸
華生是如此成功顯赫，自己卻一無是處，「不想讓
爸爸失望」的那份心意，變成整日肩膀上沉沉的
壓力。

　　接下來讓華生更頭痛的是，伴隨青春期的湯
米的，是不定期發作的氣喘病及憂鬱症。六年之
內，幾乎每半年就要發作一次。每次一發病，湯
米便沒有意志力做任何事，連起床、吃飯和洗澡
都成了大事，無法閱讀，無法與人交談，無來由

的恐懼，使得湯米更加徬徨無助。

　　華生帶湯米看過無數的醫生，總找不出確切的病因，好在差不多到中學畢業後，就沒有再犯過病了，只是缺課太多，成績落後。華生動用了所有關係，想讓湯米跟著其他同學一同進入他一心嚮往的大學，結果不但被拒，還被告知：你的兒子湯米，是一位「註定的失敗者！」

　　「一切挫折都是暫時的，人的一生會經歷各種挑戰，現狀只是轉變期，不必擔憂，因為總有美好的將來可以期待。」華生鼓勵湯米，開著大旅行車，帶湯米拜訪各大院校，終於遇到一位熟識的校長肯接納他，湯米進了布朗大學。

叛逆中摸索的湯米

　　即使上了大學，湯米還是讓華生放心不下。大學四年，湯米的成績依舊很糟，每天和其他富家子弟一起玩樂，不是喝酒、跳舞，就是滑雪，無法確立自己的人生目標。

　　然而，華生理想中的長子，是怎麼樣的人呢？在湯米二十一歲生日的時候，華生給他拍了電報，稱讚湯米在大學裡「培養出來的個性及人生哲學，必成為將來最大的資產。並且，湯米誠實，具抗拒誘惑的能力，渴望把事情做到盡善盡美，為弟弟妹妹們樹立良好的榜樣。」當然，電報裡面提到的榜樣，不是真正的湯米。

　　華生越是鼓勵湯米，越是增加湯米的自我懷疑和叛逆行徑。小 PC 聽著，不禁替 IBM、華生

捏把冷汗，也擔心起湯米的未來。

360 大哥拍了拍小 PC 的肩膀：「放心，湯米行的！湯米啊，雖然整日遊樂，但他終究找到一個重心：學習飛行。

大學才開學，湯米就跑去學開飛機。跟著教練飛了五個半小時，就能獨立駕駛，在教練的學生中，算是一項新的紀錄。湯米一旦翱翔天際，就覺得自由自在，擺脫了爸爸的掌控。並且，找到自己擅長的事，開始有了信心。可以說，湯米在大學裡最大的成就，就是成為優秀的飛行員。

大學一畢業，湯米理所當然的進了 IBM，等過完暑假，就要開始為期兩年的訓練課程。這時，湯米謀得一份特助的差事，陪伴一位父執輩的朋友從柏林前往日本，推銷兩年後紐約世界博覽會的攤位。

其實這位父執，完全不需要特助，這趟旅程完全是華生自費替湯米安排的。『什麼！這……這……我以為，這是靠我的能力得到的差事啊！原來這

一切，都還是由爸爸掌控的……」湯米在旅途中發現這個事實，非常沮喪及憤怒，完全說不出話來。

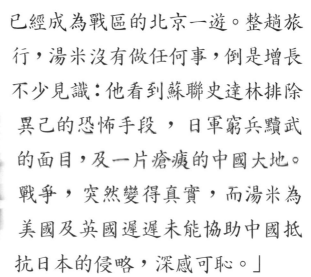

這時候的湯米呀，決定一路到處玩耍、購物，把旅費花個精光，甚至自作主張跑去已經成為戰區的北京一遊。整趟旅行，湯米沒有做任何事，倒是增長不少見識：他看到蘇聯史達林排除異己的恐怖手段，日軍窮兵黷武的面目，及一片瘡痍的中國大地。戰爭，突然變得真實，而湯米為美國及英國遲遲未能協助中國抵抗日本的侵略，深感可恥。」

小 PC 一臉擔憂的問 360 大哥：「那暑假過後，湯米到哪裡去呢？」

360 大哥安撫著小 PC：「湯米還是有回安迪卡報到，成為 IBM 銷售學校的學員。只是過得很辛苦呀，他希望別人對待他像普通人一樣，可惜

這點要求很難達成。校內，湯米除了喜歡動手的課程，其他課業都表現平平，但校長想盡辦法，推舉湯米為班長；校外，走在路上，湯米總被人指指點點。到酒吧喝杯酒，也因為 IBM 的禁酒令被酒保取樂。每個月，爸爸總會來個一、兩次，事先也沒打招呼。爸爸一來，湯米不管忙或不忙，都會馬上被校長派到大門迎接。晚餐過後，通常有一群人圍著華生，聽他訓話，一直聊到凌晨才結束，聽著別人一味的奉承華生，湯米雖然覺得尷尬，但只能奉陪到底。

　　訓練課程結束後，湯米當了一年的業務員，立刻被分配到紐約市最好的地區，再加上別的業務員總把好顧客往湯米身上推，他的業績相當出色，卻使得湯米經常自我懷疑：要不是爸爸的影響力，我能做得這麼好嗎？業績越好，湯米越想逃避，只好從飛行及酒吧買醉中尋求解脫。但湯米又非常內疚，覺得對不起越來越成功，卻依然勤奮努力的爸爸。」

19

湯米的蛻變

　　聽到這裡，小 PC 一時發起愣來，想著：「後來，湯米是怎麼走出一條自己的路呢？」

　　360 大哥在他眼前揮了揮手：「你在想什麼呀？老實說，如果不是因為第二次世界大戰，湯米大概就會在爸爸的庇蔭下，做一個還算稱職，但不時自我懷疑的 IBM 人，今日的 IBM 也不會有我和你啦。二次大戰，徹底改變了湯米的命運，他在空軍服役五年，在沒有父親影響力的情況下，重新發現自己，建立起無比的自信心。」

● ☆ ● ☆ ● ☆ ●

　　1940 年，大戰的局勢越發緊張，湯米應召入伍，參加空軍偵察隊。隔年，日本偷襲珍珠港，偵察大隊移往加州，負責巡邏西海岸，搜尋日本

潛艇的行蹤。湯米生平第一次感受到，飛行不再是遊玩取樂，而是一件十分嚴肅的責任。接著，美國空軍大幅擴張，得趕緊訓練新的飛行員。空軍利用一種新發明的「模擬飛行器」，教導飛行員先在地面模擬飛行，嫻熟所有可能發生的狀況再飛到空中，可以減少意外的發生。剛開始時，沒多少人會使用這個新發明，唯獨對動手特別內行的湯米，很快就學會了。他立即被派往各個基地推銷「模擬飛行器」。

湯米在 IBM 受過的訓練，發揮了極大的功效，他不僅教導這些新飛行員如何使用飛行器，並且建議上級，以基地為單位，成立一個彼此競賽的辦法。不僅成效斐然，還激發團隊的合作精神與榮譽感。

湯米傑出的表現，深深吸引布萊德雷將軍的注意，於是請湯米當他的副手及飛機駕駛。湯米覺得十分榮幸，又興奮極了！布萊德雷將軍在空軍裡可是頭號人物：他相貌堂堂，飛行技術高超，

又很有幽默感，非常會鼓舞下屬的士氣。湯米認真的追隨將軍，到處視察。每當將軍訪問過一個基地，湯米就像在 IBM 寫業務報告一樣，仔細的整理出一份詳盡的彙報，及自己的建議，將軍十分欣賞，公開的讚揚湯米「思慮周詳，能抓到解決問題的重點，同時人緣也極好。」

　　湯米從小到大，對於爸爸的讚賞，總覺得名不符實。就像在二十一歲的生日，當時他的生活裡只有跳舞、飲酒、開飛機取樂，爸爸卻誇他是弟妹的楷模。現在，布萊德雷將軍的誇獎，自然、誠懇、直接、適時。將軍的生涯與爸爸完全搭不上邊，用不著看在爸爸的面子上，恭維湯米。湯米與生俱有的才能，從冬眠中甦醒過來，他對自己的信心增強了，逐漸有了企圖心。

　　接下來，他追隨將軍，執行過極艱鉅、又機密的行動：戰火中，他們躲避納粹的偵察，把美製戰鬥機，運到納粹強力攻擊下的蘇聯。後又冒著生命危險，參加「飛越駝峰」計畫，從印度飛

過喜馬拉雅山，把戰備物資運往中國昆明。也曾飛入緬甸叢林的野戰醫院，運送傷兵到後方就醫。這些經驗，增長了湯米過人的膽量，以及在危難中保持冷靜的能力。他天生公正的個性，和對弱勢的關懷，與華生如出一轍，也是 IBM 精神的核心價值。

在空軍裡，湯米一度執行空軍安檢及督查的任務，審理許多軍中偷竊及貪汙的案件。他的足跡遍布全國的空軍基地，接觸過各種不同的人及案例，學到許多有關人的本性，他歸納出，許多事情，應該從不同的角度觀察，否則往往找不出事情的真相。

當戰爭進入尾聲，湯米也準備退役了。有一次，布萊德雷將軍問他：「湯米呀，戰後你打算做什麼？」湯米此時仍然非常想要避開爸爸的影響力，表明自己想擔任聯合航空的飛行員，但又怕傷爸爸的心。

「真的？」將軍訝異的說：「我一直以為你會

回去管理IBM！」由於太過驚訝，將軍還連說了
兩次。

　　「我行嗎？」湯米問。

　　「當然！」將軍回答。

　　這段簡短的交談，影響了 IBM 的命運，在老
華生逐漸故步自封，看不到新科技遠景的時候，
IBM 有了新的希望。

20

邁入電子時代

　　701 叔叔動了動身子，開口說道：「大家就休息一會兒吧，接下來可算是進入我的時代囉！幸虧啊，湯米戰後沒有去開民航機，回到 IBM。否則 IBM 大概會太晚進入新電子科技的領域，也就不會有我了！那更沒有 360 及小 PC 了。」

　　701 叔叔擦了擦冷汗，繼續說：「說起來，打孔機爺爺跨越了三十多年的時空，IBM 靠著他，累積了大量的財富；也難怪華生看不到新科技帶來的威脅。還有，湯米戰後回到 IBM 時，華生已年過七十，對新潮流的反應是慢了些囉！」

　　小 PC 瞪大了眼：「華生先生早過了退休年齡，他還在為 IBM 打拚啊？」

　　「是啊！他還想和哈佛大學建立長久的研究

計畫，因而接觸到電子學。這故事說起來還有點兒曲折。後來，他雖指示 IBM 介入電子領域，卻是為了公關及面子。」

小 PC 滿臉疑問、動動身子，701 叔叔知道他心裡又有許多問號：「小 PC 啊，你耐心點，聽我慢慢講故事。這段時間，湯米倒是深刻的體會到電子學的潛力，想要成立新的研發團隊，開發實用的電子計算機。之後，又因為競爭者的成功，震撼了華生，讓湯米更加快走入電子時代的腳步！」

● ☆ ● ☆ ● ☆ ●

二次世界大戰期間，IBM 2/3 的產能都用來生產武器及軍備用品，華生早預料到，當戰爭結束、國防合約終止時，要填滿戰時增加的產能，需要更多的新產品。不過，他想到的範圍還是在增進打孔機及製表機的運作上，沒有積極的往正在起步的真空管電子領域發展。

當時，在真空管的應用上，較具突破性發展

的，是在賓州大學實驗室的兩名年輕人，艾科特和馬其利。他們應軍方要求，為了計算彈道軌跡，以一萬八千個真空管串連出一個龐然巨物——ENIAC。它的構造與機械式的計算機不同，除了電子以光速在真空管裡不斷的穿梭以外，其餘的機件幾乎都是靜止不動的，所有的電子路線只需要「0」與「1」，便能處理所有的運算。其運算速度之快，令人匪夷所思。IBM 最快的打孔製表機每秒可以執行四個運算，而 ENIAC 可以執行五千個。

　　但華生認為，這種「巨型的電子腦」和打孔製表機屬於不同的領域。前者可能用在學術及科學研究，而公司行號裡仍將是打孔製表機的天下，更何況，他領導這個行業三十多年，從未接受過任何挑戰。

　　701 叔叔說：「話說回來，華生開始介入電子領域，還跟『馬克一號』有關。記得前面打孔機爺爺提過，二戰時，哈佛大學和 IBM 合作開發了

一臺超級計算機——『馬克一號』，當『馬克一號』在哈佛大學安裝妥當，華生親自前來，準備對外界大肆宣傳時，哈佛大學卻已在前一天發表這臺計算機，只見報上頭版介紹『哈佛大學的自動腦』，而 IBM 的名字只出現過一次。」

小 PC 嚇了一跳：「天啊，華生先生一定氣歪了！他可受不得這等奇恥大辱。」

701 叔叔連忙回答：「就是呀，回到公司，他馬上下令 IBM 研發團隊建造全世界最強的超級計算機——『SSEC』*，我的前輩。『SSEC』使用半機械、半電子的組合，計算速度比『馬克一號』快了兩百五十倍，它是第一部應用軟體執行運算的機器，是個創新的產物。『SSEC』並沒有帶給 IBM 多大的商業利益，但沒有人比華生更懂得推銷新產品。他將這個龐然大物打扮得光鮮亮

---

*SSEC：除了提供運算功能給當代科學家，它也把「電腦」的形象灌入一般民眾的腦中。例如激發一些科幻小說的聯想，甚至直接出現在當年的偵探電影中。

麗，陳列在 IBM 總部超大的玻璃櫥窗裡頭，路人紛紛駐足觀看，只見電子膠帶滴答作響，打孔機吐出卡片，上千個小燈泡閃呀閃的，華生替電子計算機塑造一個形象，推銷給社會大眾，也替 IBM 做足了公關。」

　　1946 年初，湯米回到 IBM。湯米年輕、自信、積極、野心勃勃，容易接受新事物。上任沒多久，就去參觀 ENIAC 的設計，了解它計算炮彈的曲線軌道。幾個禮拜後，湯米無意間在自家的專利實驗室裡，注意到一個工程師，正以真空管組合的金屬盒計算薪資單，速度比打孔機快上十倍。這個驚人的發現，讓湯米十足感受到電子學的威力，立刻告訴爸爸，應該把真空管實用的運算功能推上市場。

　　沒多久，在紐約市舉行的國際商展上，IBM 初試啼聲，推出一臺小型的電子乘法機——「IBM603」，它用了三百個真空管，可以做六位數的乘法。令 IBM 吃驚的是，客戶很喜歡

「IBM603」，紛紛下單。由於客戶熱烈的反應，兩年後，IBM 推出一臺更完善，更多用途的新款——「IBM604」，它用了一千四百個真空管，能做除法運算及簡單的方程式。IBM 沒預料到「IBM604」也大受歡迎，華生頭一次領略到電子產品不只作為展示，還有商業價值。

華生很快的就接受了真空管的運算功能，但說到儲存資料的紙卡，將被新科技的磁帶或磁鼓*取代，打孔機將走入歷史，他可就大發雷霆了。華生認定紙卡上的資料是看得見的，如果列印出來的報表有誤，可以追溯到紙卡原始的資料。但磁帶怎麼行？如果不小心把磁帶上的資料洗掉，那什麼都沒了，紙卡怎麼會被淘汰呢？

當 IBM 積極推出 IBM604 及 SSEC 的同時，發明 ENIAC 的艾科特和馬其利，研究出以磁帶

---

*磁鼓：儲存資料的一種設備，形狀類似鼓的長筒型，使用於 1950 及 1960 年代，現已廢棄。IBM650 即使用磁鼓。

取代紙卡的新機器，將它命名為 UNIVAC。UNIVAC 一推出，馬上搶走了 IBM 兩個保險公司的大客戶。磁帶有兩大好處，第一，它處理資料的速度比打孔機快；第二，磁帶可以儲存很多的資料，一卷磁帶就可取代一萬張卡片，儲存保險公司一個地區所有的資料。

IBM 內部還沒有產銷磁帶的計畫，因為研發部門只懂改善打孔製表機，沒人具備電子科技的知識，也沒有人有膽量跟華生說，打孔製表機已經落伍了。

這時的湯米就像年輕時候的華生，有眼光、有膽識，一方面私底下研擬計畫，準備成立電子研發單位；另一方面以數據證明 IBM 在研發經費上，比其他大公司少了 25%，終於說動了華生。IBM 開始大舉招募電子工程師，當時 IBM 在電子業沒有任何基礎，無法吸引資深且經驗豐富的工程師，只好僱用年輕、來自國內外的電子人才。這些文化背景不同的人聚在一起，好似聯合國，

但這個被打孔製表機業務單位譏稱為「移民潮的菜鳥們」，在六年內，從五百人擴充到四千人，成為日後 IBM 邁向電腦王國最重要的基石。

21

加緊腳步

「好啦，那我到底是怎麼出生的呢？嘿，那可是跟韓戰有關喔！」701叔叔望著大家，手一揮，來個戲劇性的開場。

「1950年，韓戰爆發，軍方在原子能、飛彈、密碼、氣象及戰術各方面，越來越需要電腦的協助。湯米與他的研發團隊花了一年的時間，推動一個大膽冒險，預算三百萬元的龐大計畫，生產一套針對軍方需求的『防禦計算機』——也就是我最初的名字啦。設計一完成，立即找到多位買主，這下子，湯米的電子研發團隊，馬上向新的電子領域跨出大步。

IBM在忙著研發我的同時，競爭者的腳步可沒慢下來。IBM最強的競爭對手，雷明頓蘭德公

司，買下了 UNIVAC。令人震驚的是，人口普查局訂購了一臺 UNIVAC，不久還會有第二臺、第三臺！湯米聽到這個消息相當驚訝：『人口普查局從 1890 年以來，每十年的普查作業，都是用我們的打孔製表機處理資料，想不到今天被人踩了地盤，那可不得了呀！』他下了決策，馬上加快我的開發速度，同時研發磁帶及處理機『IBM726』，跟我合作。也就是說，我們發表以後，那華生鍾愛的紙卡就將逐漸被淘汰了。」

可惜，IBM701 的腳步比 UNIVAC 慢了半步。

1952 年的總統大選，由艾森豪將軍與史蒂文生州長角逐。最後兩天所有的民調，都顯示兩位候選人輸贏的差距非常小，要等到開票完畢才能定勝負。

這時，哥倫比亞電視臺獨創新意，邀請 UNIVAC 的工程師，以他們「奇妙的電子腦」預測選舉結果。UNIVAC 以 438 比 93 張選舉人票

數，預言艾森豪將會獲得壓倒性的勝利。鏡頭下，
電視臺的工作人員嘲諷電子腦胡言亂語，不敢播
出預測的數據。晚間，選舉結果出爐；艾森豪以
442 比 89 張票贏了，與預測只差了 1%。

這下電視臺所有的人都驚呆了！趕緊把來龍
去脈跟成千上萬螢光幕前的觀眾解釋清楚。
UNIVAC 一時暴紅，成了「電腦」的代名詞。

小 PC 驚訝的說：「這下子，IBM 可真沒面子
啊！」

701 叔叔沒好氣的說：「可不是嗎？華生先生

深受震撼，IBM 內部也似遭逢一場大地震，我們這個一直跑第一的選手，現在跟著別人的背影跑，真不是滋味！所以湯米加緊腳步，把我做了改良。

1952 年，在盛大的發表會上，我變成輕便、簡單、可以組裝、容易運送、又有磁帶機的『IBM701』，外號『湯米』，我成了第一部通用型的電子計算機。當時，全國頂尖的科學家及大老闆都到齊了，榮譽貴賓原子彈發明人歐本‧海默稱讚我是『人類智慧的極致』。當然囉，湯米的領袖才能，不但受到外界的肯定，更重要的，還得到爸爸滿意的微笑。」

360 大哥拍拍 701 叔叔的肩：「瞧你得意的！」701 叔叔挺起胸，激動得很：「哼！想當初我剛上市，還被人戲稱為『IBM 的 UNIVAC』

呢！雷明頓蘭德雖然起跑得早，但他們的腳步，也只能到這裡，追不上 IBM 啦。他們犯了大錯：當他們的推銷員拜訪客戶時，喜歡反覆述說技術方面的話題，讓客人們聽得一頭霧水；而我們的業務員，會努力向客戶解釋，如何使用 IBM 的產品，解決他們的問題及提高生產力。

接下來的兩年，IBM 推出價廉、易修理、以磁鼓儲存資料的小型電腦『IBM650』，以及專為商業用戶設計的『IBM702』。IBM 還擊敗雷明頓蘭德公司，拿下軍方一個創新、需要全天候運作的防空系統。

IBM 的企業大軍，有目標、有組織、有榮譽心，追求卓越，又自發自動，當我們全力出擊時，雷明頓蘭德怎麼招架得住呢？」

22

交　棒

　　小 PC 鬆了一口氣，舉手歡呼：「太好了！看起來，湯米成為一位有才能的好老闆了耶！華生……我想想，應該七十八歲了？他終於可以好好休息，放心交棒給湯米了。」

　　701 叔叔笑了笑：「可是，你相信嗎？老華生仍然孜孜不倦的工作！他對員工、股東及顧客始終有放不下的責任感。最重要的是，他希望兩個兒子，湯米及小弟狄克都有雄心壯志，永不向命運低頭。永遠挺起胸膛，繼承霸業，把 IBM 發揚光大！

　　這時，華生想到一個主意，正式把 IBM 一分為二：國內部及國外部。國內部由湯米負責，國外部交由狄克經營。其實，三年多來，華生一直

積極投入國外部的事業，幫助狄克站穩腳步。

　　華生跟狄克走得很近，湯米很不服氣，覺得自己是一步一步爬著階梯上來的，爸爸卻把狄克送上電梯，一下子到了頂樓。然而，從華生的角度想，電子科技在 IBM 發展得越快，他就越控制不了公司的大局，他猛烈的對抗這個感覺，他還沒準備好被雕成銅像。

　　父子倆也經常為其他大大小小的事情起爭執：湯米認為爸爸好大喜功，喜歡聽奉承的話，陶醉於別人的歌功頌德中，還頻頻上名人風雲榜，接受勳章、榮譽學位，舉辦生日慶祝會、週年慶，真是勞民傷財，簡直到了荒唐的地步。

　　華生呢，總看不慣湯米破壞規矩，要別人稱呼他『湯姆』，而非『華生先生』。不再親自回應每一個員工的抱怨，更是違反傳統！他們為了公司借貸的數額，也爭執得非常厲害。湯米為迅速發展電子事業，向銀行借了大筆資金，讓華生晚上睡不著覺。華生老了，已經不像初到 CTR 的

他。當年公司在負債累累的情況下，他做的第一件事，就是說服銀行放眼將來，借給他大筆資金。」701 叔叔說到這裡，皺了皺眉，若有所思的看著前方。

● ☆ ● ☆ ● ☆ ●

這天，父子兩人為了如何處理一樁訴訟案，激烈的爭吵起來。湯米氣得衝出大樓，逕自先去參加與律師及法官預定的會議。華生看著衝出大樓的湯米，嘆了好大一口氣，撫著胸口自問：「我老了，已經無法參與電子科技的將來，我也累了，也許，不該強行把意見加諸別人身上。」

雖然湯米已經遲到了，但他必須先走一段路，才能平息激動的情緒。等到坐上會議桌，華生的祕書，匆匆走進來，遞給湯米一張印有 「THINK」 的便條紙，上面寫著：「100% 的信心、感激、欽佩，愛你的爸

爸」。湯米馬上了解爸爸的意思——孩子，你長大了，我該放手了。湯米的眼眶不知為何，竟有些溼潤起來。

華生一不管事，精力便快速衰退。幾十年來馬不停蹄、事必躬親、靠咖啡提神、憑意志力硬撐的華生，決定放慢腳步。他也不得不這樣做，因為他多年來的胃疾，一再復發，幾乎有半年的時間，處於飢餓的狀況。

華生靜養了一陣時日，不知不覺八十二歲了。在一次五百多人聚集的業務大會上，他來得很遲，但當他一出現，立即引起大騷動。主持人請他上臺說幾句話，只見原本躬著腰，臉上微露一絲痛苦的他，露出興奮的神采，他不要別人攙扶，自個兒往臺上走去。

第一步，他看到自己駕著馬車，在鄉間的泥土路上來回穿梭，賣著縫紉機。看見自己不向命運低頭，在國家收銀機公司找到事業的轉換點。

第二步，他看到自己進到 NCR，好像就在眼

前，伸手可以抓到似的。派特森這顆亮眼的北極星，指引他成為一顆耀眼的推銷新星。

　　第三步，他看到自己走進 CTR 的辦公室，帶領全體員工突破困境，跨出變革的第一步。他絞盡腦汁，日以繼夜不停思考，看到打孔製表機的遠景，成立 IBM，不畏時代的挑戰，帶領他的企業大軍向前衝。

　　一步一步，華生越走越快，腰桿也越挺越直，他堅毅不屈的形象，震懾全場。

　　他走到臺前，往臺下凝神觀望，他好感動，眼角微溼⋯⋯。今天，在這裡，聚集好多人。這些人，是他驕傲的 IBM 大軍，更是他的家人，因為有大家的付出和努力，IBM 才有今天傲人的成績。他又看到湯米，啊⋯⋯湯米！小時候還被我追著罵的湯米，今天已經成為可以獨當一面的「火車頭」了！這些緊掛在後面的車廂，往後，你們就跟著湯米跑吧，跑向屬於你們的，那 IBM 的榮耀！

　　701 叔叔的聲音突然有些哽咽：「1956 年 5 月
8 日，華生正式把總裁的位置交棒給湯米。他走
得很快，大概六個禮拜後吧，在全家人的環繞下，
安詳的離開人世，留下一個永遠的企業傳奇！」

IBM 傳奇

　　小 PC 想到這位從未謀面的巨人，最後時日仍掛念他一手建立的 IBM，不免有些感傷。華生走了……少了父親的肩膀，湯米怎麼辦好啊？

　　360 大哥知道小 PC 正難過著，安慰他說：「是啊！湯米認定父親是永恆的『IBM 先生』，缺少了爸爸睿智的教誨，湯米能獨當一面嗎？不過，終究虎父無犬子，華生打造了 IBM 王國，而湯米把王國推向電子產業這個光明的未來。

　　我的誕生——360 計畫，就是湯米做過最困難、最冒險的，也最成功的決策了。這個計畫如果成功，IBM 的霸業可以再維持好一段時間；如果失敗的話，IBM 可能就一無所有啊！當然，湯米成功了，否則我今天就不在這兒囉。」

　　小 PC 迫不及待的說：「大哥，別賣關子了，快快告訴我們來龍去脈吧！」

● ● ☆ ● ☆ ● ☆ ●

　　360 大哥伸了伸腰，開始說了：「華生走了，湯米每當遇到大決策，就不由自主的到爸爸的舊辦公室外徘徊，找尋靈感。多希望爸爸生龍活虎的跳出來，給他指導、教訓，甚至大吵一頓都好。跟爸爸共事十年，爸爸一直在訓練他成為接班人，他充滿自信，躍躍欲試，急著想擺脫爸爸的掌控。如今，天天都是機會，為什麼反而十分惶恐？每到了爸爸的忌日，湯米總安慰自己：『我總算又成功的度過了一年！』

　　這天，湯米抬頭望著華生的肖像：『爸！我絕不會讓你辛苦建立的基業在我手中衰退。可是，現在電腦的需求日益蓬勃，我們的

成長卻停滯下來。顧客的反應是，我們這幾年供應了許多電腦設備，但是參差不齊，又不相容。每當客戶業務擴大，就得買個更大、更新的電腦，而把舊電腦裡面的資料及程序轉到新電腦裡，是一個極大的工程，客戶可抱怨連連哪！

　　我計劃開發一個集大成的電腦，取代所有的舊式電腦，適用於商界、科學界、軍方等所有的市場，並且這個電腦的容量可以繼續擴充，客戶不再需要購買新電腦。如果這個計畫成功了，IBM就可以綁住客戶好多年呀。』

　　湯米忽然注意到，照片裡的爸爸，嘴角有抹微笑。

　　『可是啊，爸！電子科技進步飛速，從真空管，到電晶體，直到最新近的積體電路，我們這個大計畫當然要用最新的技術。但因為我們向來生產自己的零件，免得被供應商牽著鼻子走，可是生產積體電路的投資太大，比起打孔製表機時代，簡直是天價，嚇得股東們戰戰兢兢，讓我也

瞻前顧後的，不能決定。』

　　爸爸銳利的眼光對著湯米，好像在說：『記得我在大蕭條時，下的大賭注嗎？有了想法，仔細思考，如果還認為是自己該做的，就勇敢往前衝吧！如果你錯了，及早發現，還可以改變計畫；可是靜止不動，看似沒有風險，卻也失去可能大贏的機會。』

接著，湯米說服了股東，新建了五個工廠，僱用了六萬名員工，花掉幾近美國二次大戰時「研發原子彈計畫」的經費。拜華生創立的 IBM 的文化之賜，只要有了目標，便能上下一心，追求卓越，眾志成城，全力以赴打造了我！

歷經千辛萬苦，湯米在 1964 年驕傲的發表『360 系統』。當天，在美國六十三個城市及海外十四間分公司，同步舉辦產品發表會，約有一萬名貴賓參與盛會。湯米在致詞中，稱 IBM360 電腦是公司有史以來，最重要的一個產品。他的見解並非誇大，直到五十年後的今日，許多人仍認為『360 系統』是電腦發展史上，非常重要的里程碑，如今它還應用在世界的各個角落。」

● ☆ ● ☆ ● ☆ ●

湯米漸漸老去，後來因心臟病提早退休，交出總裁的棒子，「華生時代」到此正式結束。

360 大哥、701 叔叔、打孔機爺爺、切肉機太爺一時無語，靜靜的看著小 PC。小 PC 又轉著眼

珠，看著眼前的前輩，像想到什麼似的，一時激
動了起來：「對喔，接下來輪到我上場了！」

● ☆ ● ☆ ● ☆ ●

　　自從成功的發表 360 電腦以來，IBM 更快速
的成長，穩坐大型電腦的龍頭，忽略了 1970 年代
晚期時，個人電腦已成氣候，市場不斷的擴大。
當 IBM 驚覺大型電腦的業績開始持平，才忙著開
發 PC。一般來說，IBM 對開發新產品，有很嚴
謹的流程，通常需要五年的時間。可是這一次，
市場等不及了。

　　1980 年，IBM 當時的總裁法蘭克，決定仿效
湯米當年僱用「菜鳥們」的模式，不用既有的研
發團隊，另外成立一個只有十二個人的獨立團
隊，全力開發個人電腦。

　　從前輩們打拚的奮鬥史看來，又一次證明，
IBM 不是省油的燈！只要建立目標，一定追求至
善。1981 年，IBM 發表第一型的 PC，隨之又推
出一系列的機種。PC 的成功，連帶造就了微軟、

英特爾等公司的豐收。1982 年底，PC 被選為《時代雜誌》的「風雲人物」——打從《時代雜誌》開始選年度風雲人物起，都只有真人上榜，選一個機器當風雲人物，可真是破天荒頭一遭啊！

　　小 PC 抬起頭，豁然開朗，感動莫名：「我全懂了，我不僅是 IBM 的一分子，在『華生時代』結束的當下，他們留下來的文化及精神，讓 IBM 在 1980 年代，再一次拯救了自己——我，小 PC，是華生留給 IBM 最驕傲的資產！」

　　打孔機爺爺邁著步伐，破舊的身體軋軋的響，走到小 PC 的面前，滿是欣慰：「回顧 IBM，從一個四分五裂、瀕臨破產的 CTR，到我獨霸商場幾十年，又到小 PC 成為《時代雜誌》的風雲人物，可說是一條漫長、崎嶇，充滿荊棘

的道路。華生孕育 IBM 的獨特文化，引導後人走過風風雨雨，即使公司在如脫韁野馬奔騰之際，或在困難掙扎之時，總能維繫公司的向心力及凝聚力！

華生先生有三個格言：

給每一個員工全心的關懷。

花很多的時間讓你的客戶滿意。

要做好每一件事，你一定要堅持走完最後一步。

這三個格言，看似簡單，不過，每位『IBM人』有毅力、徹底的、堅持的、數十年如一日的認真執行，才是我們成功的祕訣。華生先生安息了，但他留下的，是一個傲世的企業、永垂不朽的楷模！」

後記

　　親愛的讀者，你也許花了一個下午、兩天、三個星期，津津有味的讀完華生的故事。

　　現在，讓我們再花點時間思考一件事：當華生在生命的關鍵時刻，他的想法及態度如果不同，還有可能成就將來的大業嗎？

　　當十九歲的他從酒店出來，發現賴以為生的馬車被偷；當二十二歲的他，一點一滴存下來的積蓄被崇拜的人席捲一空。他可以自怨自艾、詛咒別人、喪失鬥志，或乾脆回家，躲回父母的庇蔭之下。但是華生卻選擇吞下苦水，咬緊牙關，尋找良機，奮鬥了十七年，才從推銷員爬到大老闆

的左右手，使自己的能力受到肯定。

　　不料，華生因為沒有完全摸清老闆善變的個性，在一次事故中被炒了魷魚，又變回一無所有。這時，他大可只想著報復，只想著哪天在街頭撞到老闆揮他一拳，但是華生卻選擇鞭策自己，成為一個正直、尊重他人、比老闆更成功的人。而且，換個角度思考，華生反而感謝老闆，因為他從老闆那裡學來的管理智慧，是無價的資產。

　　　　華生積極的尋找，終於又找到了一個機會。只是周圍的人都唱著反調，認為這機會註定失敗。此時一般人可能會變得信心動搖，人云亦云，想著另謀出路，但是華生卻相信自己

　的判斷，看到別人看不見的契機，反覆思考如何鼓舞人心，歸納出尊重每一個人的重要性。

　　華生訂下遠大的目標，挑戰每個員工的潛力，激勵他們超越自我，同時自己率先而行，帶領大家實現夢想。漸漸的，跟隨他的人越來越多，有了相同的信念，他們團結一致，朝追求至善的目標前進，再大的風雨都阻撓不了他們堅強的意志。最後華生終於帶著大家走上成功之路，造就如今跨越全球一百七十多國的百年企業。

　　華生一再耳提面命的「THINK」哲學，一百多年後，讓 IBM 成為連續二十年專利發明排行榜的榜首。

　　華生建立的企業文化，除了成為全球企業界在策劃、研發、服務客戶及建立員工忠誠度等等各方面的楷模，也成為管理學案例中常見的課

題，影響著全球的企業生態。

　　也許，當小華生拉著馬車，走在泥濘的鄉間小路時，並沒有看到將來創造的輝煌王國。可是當他一步一腳印的走往他的理想，堅定持續的行動。在命運的關鍵時刻，保持恢宏的心態，做了正確的決定。在困境與挫折中，發揮他思考、創新、忠誠、積極、勇氣、堅韌及尊重等等的美德。其實已在無形中使自己成為一位不朽的企業家，也給我們立下了一個永久的典範。

湯姆士・華生 / 小檔案

1874 年　出生於紐約州的小鎮。

1893 年　獨自往水牛城發展，接觸到 NCR 的銷售業務。

1903 年　在 NCR 總部與派特森會面，開始主理二手收銀機業務。

1908 年　結束二手收銀機業務，回總部任業務襄理，兩年後晉升業務經理。

1911 年　創「THINK」格言，後來流傳到 IBM 成為重要的座右銘。

1914 年　離開 NCR，轉往紐約，任 CTR 總經理。
　　　　長子湯米出世。

1924 年　計算－列表－記錄公司正式改名為國際商用機器公司 (IBM)。

1933 年　美國經濟大蕭條中，大手筆成立工程研發實驗室中心。
　　　　創辦員工訓練及銷售學校。

1935 年　羅斯福新政實施，美國政府及企業大量購買

IBM 打孔機。

| 1937 年 | 推銷和平給希特勒，接受德國飛鷹十字勳章。 |

1940 年　紐約世界博覽會，IBM 全體員工受邀，發生大車禍。

美國開始介入二戰，IBM 為政府生產軍火，湯米及狄克入伍。

1944 年　完成與哈佛大學合作的超級計算機「馬克一號」。

1946 年　湯米退役，正式回 IBM 任職。

IBM 第一個電子產品「IBM603」乘法機器問世。

1948 年　IBM 獨立完成比「馬克一號」運算速度更快的 SSEC，展示在 IBM 大廳。

1949 年　IBM 世界貿易公司（IBM 國外部）成立，狄克任總裁。

1952 年　國防電腦「IBM701」完工，同年競爭者 UNIVAC 在總統選舉預測中大放異彩。

1953 年　較小型的 IBM650 型問世，頗受市場歡迎。

1956 年　華生病逝，湯米接任 IBM 總裁。

1964 年　成功推出 IBM360──所有資料處理功能整合於一的電腦。

1981 年　宣布個人電腦問世。

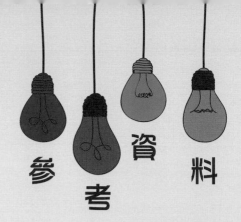

參 考 資 料

書籍

- 《打造 IBM 華生父子的創業、轉型與接班——實戰智慧叢書》／
  Kevin Maney 著；楊玉齡譯
- 《父子情深——IBM 成長與茁壯》／Thomas J. Watson Jr. 著；
  李璞良譯
- *The Watson Dynasty: The Fiery Reign and Troubled Legacy of IBM's Founding Father and Son*／Richard S. Tedlow 著

網頁

- IBM 英文官方網站
  http://www.ibm.com/us/en/

近代領航人物

生命教育首選讀物

養成良好品格，激發無限潛力，打造下一個領航人物！

你可以像自由鬥士 曼德拉 一樣找到自己的理想嗎？

你能像世界知名設計師 可可·香奈兒 一樣隨時發揮創意嗎？

你想成為像搖滾巨星 約翰·藍儂 一樣的萬人迷嗎？

讀完他們的故事，你也做得到！

◆ 近代人物，引領未來航線

◆ 橫跨領域，視野真正全面

◆ 精采後記，聚焦全書要點

◆ 彩色印刷，吸睛兼顧護眼

全系列共二十冊
陸續出版

國家圖書館出版品預行編目資料

湯姆士‧華生／王珈珞著;吳楚璿繪.－－初版一刷.－
－臺北市: 三民, 2014
面; 公分.－－(兒童文學叢書/近代領航人物)

ISBN 978-957-14-5867-0 (平裝)

1.華生(Watson, Thomas John, 1874-1956) 2.傳記
3.通俗作品

781.08   102025998

© 　湯姆士‧華生

著 作 人	王珈珞
繪　　者	吳楚璿
主　　編	張燕風
企劃編輯	莊婷婷
責任編輯	劉千榕
美術設計	蔡季吟

發 行 人	劉振強
著作財產權人	三民書局股份有限公司
發 行 所	三民書局股份有限公司
	地址　臺北市復興北路386號
	電話　(02)25006600
	郵撥帳號　0009998-5
門 市 部	(復北店)臺北市復興北路386號
	(重南店)臺北市重慶南路一段61號

| 出版日期 | 初版一刷　2014年1月 |
| 編　　號 | S 782400 |

行政院新聞局登記證局版臺業字第○二○○號

有著作權‧不准侵害

ISBN 　978-957-14-5867-0 　(平裝)

http://www.sanmin.com.tw 　三民網路書店
※本書如有缺頁、破損或裝訂錯誤,請寄回本公司更換。